AF279977

Lothar-Rüdiger Lütge

Israel verstehen –
Eine faktenbasierte Reise durch
3000 Jahre Geschichte

FSC
www.fsc.org
MIX
Papier aus ver-
antwortungsvollen
Quellen
Paper from
responsible sources
FSC® C105338

Verlag:
BoD · Books on Demand GmbH,
In de Tarpen 42, 22848 Norderstedt
Druck:
Libri Plureos GmbH, Friedensallee 273,
22763 Hamburg

ISBN: 978-3-8192-5063-7

„Der beste Weg, die Seele eines anderen Landes kennenzulernen, ist seine Literatur zu lesen."

Amos Oz (1939 – 2018, israelischer Schriftsteller)

Lothar-Rüdiger Lütge

Israel verstehen –
Eine faktenbasierte Reise durch
3000 Jahre Geschichte

Inhalt

Einführung

Warum dieses Buch? Und warum jetzt?

Israel.

Kaum ein anderes Land wird so emotional, so kontrovers und so häufig diskutiert – und doch so selten verstanden.

Kaum ein Konflikt wird so öffentlich verhandelt – und zugleich von so vielen Missverständnissen, Halbwahrheiten und ideologischen Verzerrungen begleitet.

Israel ist zum Projektionsraum geworden: für Schuld, Hoffnung, Wut, Moral, Gerechtigkeit – je nach Perspektive.

Aber was ist Israel wirklich?

Ein Staat unter permanentem Bedrohungsdruck

Ein Land mit jahrtausendealter Geschichte und moderner Hightech-Gegenwart

Ein Ort der Rückkehr – und der Ablehnung

Ein Land der Vielfalt – und der tiefen Spannungen

Ein Symbol – und ein konkreter Ort mit konkreten Menschen

In der öffentlichen Debatte wird Israel heute oft entweder glorifiziert oder dämonisiert. Kaum jemand nimmt sich die Zeit, sich mit seiner Geschichte, seinen inneren Strukturen, seinen realen Herausforderungen und seiner Bedeutung im Weltgeschehen nüchtern und sachlich auseinanderzusetzen. Dieses Buch will genau das tun.

Wir haben es geschrieben, um:

Informationen bereitzustellen, wo Emotionen dominieren

Zusammenhänge zu zeigen, wo oft nur Teilaspekte diskutiert werden

Verständnis zu ermöglichen, wo allzu schnell verurteilt wird

Dabei verfolgen wir keine politische Agenda, keine ideologische Mission.

Wir wollen keine Parteinahme – sondern Verständnis durch Wissen.

Denn nur wer die Geschichte Israels kennt, kann seine Gegenwart einordnen.

Dieses Buch beginnt bei den Anfängen – in der Frühgeschichte, bei Abraham, bei Exodus, Tempel, Zerstörung, Diaspora.

Es begleitet die jüdische Geschichte durch die Jahrhunderte – durch Verfolgung, Überleben, Hoffnung, Rückkehr.

Und es führt in die Gegenwart – in ein Israel, das lebt, kämpft, sich verändert, sich verteidigt und zugleich sucht, fragt, streitet.

Am Ende dieses Weges steht keine Antwort. Aber vielleicht eine bessere Frage.

Teil I: Frühgeschichte und Antike – Die Verbindung zum Land

Kapitel 1: Die frühen Erzählungen und die Ursprünge der Besiedlung

Abraham, Isaak und Jakob – Die Urväter Israels

Zeitlicher Rahmen:

Biblischer Bezug: Genesis (1. Buch Mose), Kap. 12–50
Verortung laut biblischer Chronologie: ca. 1900–1600 v. Chr.

Historische Bewertung:

Die Gestalten Abrahams und seiner Nachkommen lassen sich historisch nicht verifizieren. Viele Forscher ordnen diese Erzählungen in die sogenannte Mittlere Bronzezeit ein, etwa 2000–1500 v. Chr. Eine präzise Datierung ist unmöglich, aber es spricht einiges dafür, dass sie ein kollektives Erinnerungsbild aus dem Übergang nomadischer zu sesshafter Kultur spiegeln.

Die Verbindung des jüdischen Volkes mit dem heutigen Gebiet Israels beginnt nicht erst im 20. Jahrhundert, oder mit der Rückkehr aus Ägypten, um 1.200 v. Chr., sondern reicht – gemäß der biblischen Überlieferung – viel weiter zurück. In der Genesis, dem ersten Buch der hebräischen Bibel, wird erzählt, dass ein Mann namens Abram – später Abraham genannt – aus dem Land Ur in Chaldäa (im heutigen Irak) aufbrach, weil er sich von Gott dazu berufen fühlte, in ein neues Land zu ziehen. Dieses Land, so die Verheißung, sollte ihm und seinen Nachkommen auf ewig gehören. Die biblische Darstellung nennt dieses Zielgebiet „das Land Kanaan", eine Region, die weite Teile des heutigen Israel und angrenzende Gebiete umfasst.

Abraham gilt in der jüdischen Tradition als der erste Erzvater des Volkes Israel. Sein Weg führte ihn über Haran (im heutigen Südosttürkei/Nordsyrien) in den Süden des Landes Kanaan, wo er sich unter anderem in der Nähe von Sichem, Bet-El und Hebron niederließ. Dort – so heißt es – empfing er die Verheißung Gottes, dass seine Nachkommen zahlreich wie die Sterne sein würden und das

Land bewohnen sollten. Auch wenn es sich bei diesen Erzählungen um religiöse Überlieferungen handelt, die außerhalb der Bibel keine historische oder archäologische Bestätigung finden, prägen sie bis heute das Selbstverständnis und das kollektive Gedächtnis des jüdischen Volkes.

Die Geschichte setzt sich fort mit Isaak, dem Sohn Abrahams, der ebenfalls in Kanaan lebte, und schließlich mit dessen Sohn Jakob. Jakob gilt als Stammvater der zwölf Stämme Israels, denn aus seinen Söhnen gingen jene Familienlinien hervor, die später als das Volk Israel bezeichnet wurden. Auch Jakob wird in der Bibel als jemand beschrieben, der im Land Kanaan lebte, sich zeitweise mit seiner Familie in Hebron aufhielt und schließlich – durch bestimmte Ereignisse rund um seinen Sohn Josef – mit seiner Familie nach Ägypten übersiedelte.

In der biblischen Darstellung erscheint dieses frühe Kapitel der jüdischen Geschichte als eine Abfolge göttlich geführter Wanderschaften, Verheißungen und familiärer Entwicklungen, die das Fundament für die spätere

Volkswerdung Israels legen. Historisch jedoch liegen diese Erzählungen im Dunkel der Vorzeit. Archäologische Belege für die Existenz der einzelnen Patriarchen gibt es bislang nicht, und viele Historiker betrachten die Texte dieser Frühzeit als später entstandene, theologisch geprägte Rückschau auf eine mythische Vorzeit. Genaues Wissen gibt es nicht, es könnte sich also auch um reale Gegebenheiten handeln. Auf jeden Fall bilden diese Schilderungen dennoch bis heute einen integralen Bestandteil jüdischer Identität – und zwar nicht nur als religiöse Inhalte, sondern als kulturelle Ursprungsnarrative.

Besonders bedeutsam ist dabei die Vorstellung, dass das Land Kanaan – das heutige Israel – nicht einfach irgendein Siedlungsraum war, sondern der Ort einer göttlichen Verheißung. Diese Verheißung zieht sich durch die gesamte hebräische Bibel und wurde über Jahrhunderte hinweg in den Herzen und Gedanken der Diaspora-Juden bewahrt. Dass sich Abraham, Isaak und Jakob laut der Überlieferung in genau diesem Gebiet aufgehalten haben sollen, ist ein wichtiger Teil jenes tiefen inneren Zusammenhangs zwischen

Volk und Land, der weit über politisch-territoriale Fragen hinausgeht.

Ob man diese Überlieferungen nun als historische Fakten, als spirituelle Gleichnisse oder als identitätsstiftende Erzählungen liest – ihr Einfluss auf das jüdische Selbstverständnis ist unbestreitbar. Und selbst wenn aus moderner historischer Sicht viele Fragen offen bleiben, beginnt die Geschichte des jüdischen Volkes – in seinem eigenen Selbstverständnis – mit der Ankunft Abrahams im Land Kanaan.

Ägyptenaufenthalt und Exodus

> **Zeitlicher Rahmen:**
>
> *Biblischer Bezug: Exodus, Levitikus, Numeri, Deuteronomium*
> *Traditionelle Verortung (je nach Auslegung):*
> *Frühdatierung: 15. Jahrhundert v. Chr. (etwa 1446 v. Chr.)*
> *Spätdatierung: 13. Jahrhundert v. Chr. (etwa um 1250 v. Chr., oft favorisiert)*
>
> **Historische Bewertung:**
>
> *Es gibt keine archäologisch gesicherten Hinweise auf einen groß angelegten Exodus. Einige Forscher vermuten, dass sich die Geschichte aus Erinnerungen kleinerer semitischer Gruppen speist, die Ägypten verließen. Die populärste Hypothese ordnet den Exodus grob in die Zeit des späten Neuen Reichs, also um 1250–1200 v. Chr., ein — meist unter Ramses II. oder Merenptah.*

Die biblische Überlieferung führt die Geschichte der Nachkommen Jakobs weiter in das Land Ägypten. Ausgelöst durch eine Hungersnot, so erzählt das Buch Genesis, zieht Jakob mit seiner gesamten Familie nach

Ägypten, wo sein Sohn Josef inzwischen eine hohe Position am Hof des Pharaos innehat. Dort lassen sich die Israeliten – zu diesem Zeitpunkt noch eine lose Stammesgemeinschaft – nieder und wachsen über Generationen hinweg zu einer großen Gemeinschaft heran.

Doch mit der Zeit, so berichtet das Buch Exodus, ändert sich das politische Klima. Ein neuer Pharao, der Josef nicht mehr kannte, sieht in der wachsenden Zahl der Hebräer eine Bedrohung für das ägyptische Reich. Die Israeliten werden zur Zwangsarbeit herangezogen und schließlich versklavt. In dieser Situation tritt Mose als zentrale Gestalt der Befreiung auf. Die Erzählung des Exodus – der Auszug aus Ägypten unter Moses Führung – gehört zu den prägendsten Motiven der jüdischen Identität und ist bis heute tief im religiösen Bewusstsein des Judentums verankert.

Gemäß der biblischen Darstellung führt Mose das Volk unter göttlicher Leitung durch die Wüste Sinai, mit dem Ziel, es zurück in das „Land der Verheißung" zu bringen –

jenes Land, Kanaan, das Abraham, Isaak und Jakob bewohnt hatten und das nun erneut die Heimstatt des Volkes Israel werden sollte. Auf dem Weg dorthin, am Berg Sinai, empfängt Mose von Gott die Zehn Gebote und übergibt sie dem Volk als göttliches Gesetz. Diese Gesetzgebung bildet in der religiösen Überlieferung das Fundament des Bundes zwischen Gott und Israel.

Historisch betrachtet, wirft der Bericht über den Aufenthalt in Ägypten und den Auszug erhebliche Fragen auf. Bis heute gibt es keine archäologisch oder dokumentarisch gesicherten Hinweise auf eine größere Gruppe semitischer Sklaven, die das Land Ägypten in der vermuteten Zeitspanne verlassen hätte. Auch die Wanderung durch die Wüste ist nicht durch Spuren belegbar. Viele Historiker sehen im Exodus daher eher ein literarisches und theologisches Konstrukt, das möglicherweise Erinnerungen an kleinere Auswanderungsbewegungen, soziale Spannungen oder regionale Konflikte aufgreift und in mythisch verdichteter Form wiedergibt.

Ungeachtet dessen ist der Exodus in der jüdischen Erinnerung nicht einfach ein historisches Ereignis, sondern ein Gründungsmythos – ein Symbol für Befreiung, Identität und göttliche Führung. Bis heute wird diese Geschichte **jedes Jahr im Pessach-Fest lebendig gehalten**, bei dem Juden weltweit der Befreiung aus der Sklaverei in Ägypten gedenken. In diesem Sinne wirkt die Erzählung weniger als Geschichtsquelle im modernen Sinne, sondern vielmehr als ein kollektives Selbstbild, das über Generationen weitergegeben wurde und das die tiefe Verbindung des jüdischen Volkes mit dem Gedanken der Heimkehr, des Bundes und der göttlichen Bestimmung fest verankert.

Die Rückführung aus Ägypten ist somit nicht nur geografisch bedeutsam, sondern auch symbolisch: Das Volk Israel wird nicht nur physisch, sondern auch geistig zu einer Einheit geschmiedet, mit dem gelobten Land als Ziel und Hoffnung. Diese Vorstellung durchzieht bis heute die jüdische Kultur, unabhängig davon, wie der historische Kern der Erzählung zu bewerten ist.

Landnahme und Richterzeit

Nach dem Tod des Mose, so berichtet das biblische Buch Josua, übernahm dessen Nachfolger Josua die Führung des Volkes

Israel. Unter seiner Leitung begann die sogenannte „Landnahme", also die Rückkehr der Israeliten in das Gebiet Kanaans. Die biblische Darstellung schildert diesen Vorgang als eine Serie militärischer Auseinandersetzungen, in deren Verlauf zahlreiche kanaanitische Städte erobert und zerstört wurden – darunter die berühmte Stadt Jericho, deren Mauern nach siebenmaligem Umrunden durch das Volk Israel unter Fanfarenklängen angeblich einstürzten. Auch andere Städte wie Ai und Hazor werden in den Erzählungen als Schauplätze von Eroberungen genannt.

Historisch ist diese Phase unter Fachleuten stark umstritten. Während einige archäologische Funde – etwa Brandspuren in bestimmten Ruinen – gelegentlich als mögliche Indizien für gewaltsame Zerstörungen gedeutet wurden, bleibt die groß angelegte und koordinierte Invasion, wie sie in der Bibel beschrieben ist, bislang unbelegt. Die Mehrheit der Historiker geht heute davon aus, dass die Besiedlung des Hochlands von Kanaan eher schrittweise und weniger dramatisch verlief – vermutlich durch innere Umstrukturierungen, kleinere Einwanderungsbewegungen und soziale Prozesse innerhalb der kanaanitischen Kultur selbst. Dennoch bleibt das Bild einer kraftvollen Rückkehr ins „verheißene Land" bis heute ein zentrales Element des jüdischen Selbstverständnisses.

Nach der Landnahme folgte eine Zeit der Dezentralisierung. Die zwölf Stämme Israels lebten – wiederum nach biblischer Überlieferung – als ein lockerer Stammesverband ohne zentrale Regierung, aber mit gemeinsamen religiösen Traditionen. Diese Phase wird in der Bibel als Zeit der „Richter" beschrieben: charismatische Führer wie Gideon, Deborah oder Samson, die in kritischen Momenten auftraten, um das Volk zu leiten oder vor äußeren Feinden zu schützen. Es handelte sich also nicht um Richter im juristischen Sinn, sondern eher um militärisch-religiöse Führergestalten mit begrenzter regionaler Autorität.

Auch diese Epoche entzieht sich einer klaren historischen Verortung. Archäologische Hinweise auf eine kohärente israelitische Identität in dieser Zeit sind rar. Allerdings gibt es Anzeichen für neue Siedlungsformen im zentralen Hochland Palästinas, die auf eine gesellschaftliche Umstrukturierung hindeuten könnten – möglicherweise im Zusammenhang mit dem Entstehen einer frühen israelitischen Kultur. In diese Phase fällt auch die erste nachgewiesene Erwähnung des Namens „Israel" außerhalb der Bibel: auf der sogenannten Merenptah-Stele, einer ägyptischen Inschrift aus dem späten 13. Jahrhundert v. Chr., in der ein Volk namens „Israel" erwähnt wird, das „ausgelöscht" sei. Dies ist der früheste außerbiblische Hinweis auf die Existenz eines israelitischen Volkes – ein wertvoller, wenn auch isolierter archäologischer Bezugspunkt.

Die Zeit der Richter ist aus heutiger Sicht daher weniger ein klar fassbares historisches Stadium als vielmehr eine Phase des Übergangs – geprägt von der Suche nach Stabilität, Identität und Ordnung in einem komplexen, multikulturellen Umfeld. In ihr entwickelt sich das frühe Israel allmählich von einem losen Stammesverband hin zu einer gesellschaftlichen Struktur, die später in die Monarchie unter Saul, David und Salomo münden sollte.

Kapitel 2: Königreiche und Tempelzeit

Die Einführung des Königtums

> *Zeitlicher Rahmen:*
>
> *Übergang von der Richterzeit zur Monarchie: ca. 1050 v. Chr.*
> *Saul als erster König Israels: ca. 1050–1010 v. Chr.*
>
> *Historische Bewertung:*
>
> *Biblisch gut überliefert (1. Samuel), historisch nicht gesichert, aber plausibel im Kontext regionaler Entwicklungen im östlichen Mittelmeerraum.*

Nach einer langen Phase dezentraler Stammesführung, die in der Tradition der „Richter" beschrieben wird, setzte im Volk Israel der Wunsch nach einer einheitlichen und zentralen Herrschaft ein. Die Erfahrungen ständiger Bedrohung durch benachbarte Völker – insbesondere die Philister im Westen – weckten den Ruf nach einem König, der das Volk militärisch und politisch zusammenführen konnte. Die biblische Darstellung spiegelt diesen Wandel als eine Spannung zwischen göttlicher Ordnung und menschlichem Wunsch: Während die Richterzeit als Zeit göttlicher Führung durch einzelne charismatische Persönlichkeiten verstanden wurde, erscheint der Ruf nach einem König zunächst als eine Art Abkehr vom ursprünglichen Ideal, als wolle Israel „sein wie alle Völker".

Der erste, der in dieses neue Amt eingesetzt wurde, war Saul, aus dem Stamm Benjamin. Er wird in den Büchern Samuel als körperlich beeindruckender, aber innerlich zerrissener Mann beschrieben, der zwar erste militärische Erfolge gegen äußere Feinde erzielte, aber schließlich an innerem Zwiespalt und mangelndem Gehorsam gegenüber den prophetischen Anweisungen scheiterte. Seine Regentschaft markiert den Beginn einer Entwicklung, die Israel von einem Stammesbund in Richtung eines frühen staatlichen Gebildes führte.

Historisch ist über Saul wenig bekannt. Es existieren keine archäologischen oder zeitgenössischen außerbiblischen Belege für seine Existenz. Dennoch ist die Erzählung seiner Königsherrschaft aufschlussreich, weil sie zeigt, wie in Israel – wie auch in anderen Teilen der damaligen Welt – das Modell der Königtümer als Antwort auf äußere Unsicherheiten und innere Desintegration entstand. In dieser Hinsicht ist die Entwicklung nachvollziehbar und entspricht einem allgemeinen Muster im spätbronzezeitlichen und früh-eisenzeitlichen Orient.

Besonders bemerkenswert ist, dass die biblischen Texte dem Königtum von Anfang an eine ambivalente Bewertung mitgeben. Es wird nicht als reine Erfolgsgeschichte präsentiert, sondern als ein riskanter Schritt: Ein König könne das Volk unterdrücken, Steuern erheben, junge Männer zum Kriegsdienst verpflichten und damit genau das Gegenteil dessen bewirken, was ursprünglich gehofft wurde. Diese kritische Haltung gegenüber weltlicher Macht zieht sich durch viele Passagen des Alten Testaments und macht deutlich, dass in der jüdischen Tradition die politische Ordnung stets an eine höhere moralische Instanz – das göttliche Gesetz – gebunden bleiben soll.

Mit der Einführung des Königtums beginnt für Israel eine neue Epoche. Die Zeit der charismatischen Einzelgestalten endet, und an ihre Stelle tritt eine dynastisch geprägte Herrschaft, deren Erfolg oder Scheitern nicht mehr nur von göttlicher Inspiration, sondern zunehmend von politischem Geschick und administrativer Kompetenz abhängt. Der Weg für den Aufstieg Jerusalems zur Hauptstadt und für den Bau des Tempels unter David und Salomo ist bereitet.

David und Salomo – Das vereinte Königreich

Zeitlicher Rahmen:

David regiert ca. 1010–970 v. Chr., Salomo ca. 970–930 v. Chr.
Hauptquelle: 2. Samuel, 1. Könige, 1. Chronik

Historische Bewertung:

König David ist außerhalb der Bibel nicht eindeutig belegt, jedoch existiert die sogenannte Tel-Dan-Inschrift (ca. 9. Jh. v. Chr.), die vom „Haus Davids" spricht – ein möglicher Hinweis auf seine historische Existenz.
Salomo ist ebenfalls nicht archäologisch nachweisbar, sein Tempelbau bleibt unbelegt.
Es gibt Hinweise auf einen zentralen Machtapparat in Jerusalem in dieser Zeit – Größe und Umfang bleiben jedoch umstritten.

Mit dem Aufstieg Davids beginnt eine der prägendsten Phasen in der Geschichte Israels. Er wird als charismatischer Führer beschrieben, der nicht nur militärische Fähigkeiten besaß, sondern auch ein feines Gespür für politische Integration und religiöse Symbolik. Nach dem Tod Sauls gelingt es ihm, die verschiedenen Stämme Israels unter seiner Herrschaft zu vereinen. Eine seiner bedeutendsten Entscheidungen war die Eroberung und Festlegung Jerusalems als Hauptstadt – ein Schritt von außerordentlicher symbolischer Kraft, denn die Stadt gehörte keinem der zwölf Stämme an und eignete sich daher ideal als neutraler, einigender Mittelpunkt.

Jerusalem wurde unter David zur politischen und religiösen Mitte des jungen Reiches. Zwar wurde der Tempel erst unter seinem Sohn Salomo errichtet, doch bereits David brachte die Bundeslade, das zentrale Kultobjekt Israels, nach Jerusalem und legte damit den geistigen Grundstein für die Erhebung der Stadt zu einem Ort göttlicher Gegenwart. Die Verbindung zwischen politischer Herrschaft und religiöser Ordnung erhielt hier ihre konkrete Form.

Salomo, Davids Sohn und Nachfolger, wird in der Überlieferung als König von großer Weisheit und visionärer Weitsicht dargestellt. Seine Regentschaft gilt als eine Zeit des Friedens, der administrativen Konsolidierung und wirtschaftlichen Blüte. Besonders hervorgehoben wird der Bau des ersten Tempels auf dem Tempelberg in Jerusalem – ein Bauwerk, das in der religiösen Erinnerung Israels bis heute eine herausragende Rolle spielt. Der Tempel war nicht nur ein Ort des Opfers und Gebets, sondern ein national-religiöses Zentrum, das die Identität des Volkes Israel in Raum und Zeit verankerte.

Unter Salomo wurde das Reich zentralisiert, der Staatsapparat ausgebaut, Handelsbeziehungen gepflegt und ein aufwendiger Hofstaat unterhalten. Die Beschreibung seiner Herrschaft zeugt von außenpolitischer Stabilität, kultureller Vielfalt und wirtschaftlicher Blüte, aber auch von wachsender sozialer Belastung. Die Bibel berichtet von Steuerpflichten, Frondiensten und ersten Unmutsäußerungen unter der Bevölkerung – ein Hinweis darauf, dass die Einheit des Reiches nicht selbstverständlich war.

Archäologisch bleibt das Ausmaß dieser Blütezeit umstritten. Während einige Forscher die Existenz eines zentralisierten Staates mit Jerusalem als Verwaltungszentrum für möglich halten, sprechen andere von einer später idealisierten Rückschau auf eine Phase, die in Wirklichkeit eher kleinräumig und begrenzt organisiert war. Die archäologischen Spuren aus dieser Zeit sind spärlich, und viele Bauwerke, die später mit Salomo in Verbindung gebracht wurden, können nicht eindeutig seiner Regentschaft zugeordnet werden.

Ungeachtet dieser Unsicherheiten markiert die Zeit Davids und Salomos einen zentralen Wendepunkt: Das Volk Israel wurde zu einem politisch einheitlichen Gebilde mit einer Hauptstadt, einem Königshaus und einem Tempel. Diese Strukturen – Dynastie, Heiligtum, Stadt – blieben für Jahrhunderte prägend und bilden bis heute den historischen und geistigen Hintergrund der jüdischen Verbindung zu Jerusalem.

Reichsteilung und Krise

Nach dem Tod Salomos kam es zu einer tiefgreifenden politischen Spaltung im Staatsgebilde Israels. Die bereits zu Salomos Lebzeiten vorhandenen sozialen Spannungen – insbesondere durch Steuerlast und Fronarbeit – entluden sich nach seinem Tod in einem offenen Konflikt. Zehn der zwölf Stämme verweigerten dem neuen König Rehabeam, Salomos Sohn, die Gefolgschaft und gründeten unter Jerobeam I. ein eigenes Königreich im Norden – das „Haus Israel" oder Nordreich. Lediglich die Stämme Juda und Benjamin blieben Rehabeam treu und bildeten das sogenannte Südreich Juda mit der Hauptstadt Jerusalem.

Die Teilung war nicht nur geografisch und politisch, sondern auch religiös bedeutsam. Während das Südreich an der Verehrung im Tempel von Jerusalem festhielt, etablierte das Nordreich eigene Kultstätten in Bet-El und Dan. Diese Unabhängigkeit führte rasch zu Spannungen, auch innerhalb der religiösen Überlieferung, da Jerusalem als zentraler Ort des Gottesdienstes zunehmend hinterfragt wurde. Das Nordreich war durch häufige Thronwechsel, politische Instabilität und externe Bedrohungen geprägt, während Juda im Süden unter der davidischen Dynastie eine vergleichsweise stabile Kontinuität bewahrte.

In dieser Zeit traten einige der bedeutendsten Gestalten der prophetischen Tradition

auf. Im Nordreich war es insbesondere A-
mos, der als einfacher Viehzüchter auf Missstände hinwies und soziale Gerechtigkeit forderte. Ihm folgte Hosea, der den religiösen
Abfall und die politische Abhängigkeit von
ausländischen Mächten scharf kritisierte. Im
Südreich wirkten Jesaja und Micha, die einerseits zur Umkehr riefen, andererseits aber
auch eine tiefe Hoffnung auf einen zukünfti-
gen „Knecht Gottes" formulierten – Vorstel-
lungen, die später für das messianische Denken eine zentrale Rolle spielen sollten.

Die prophetischen Schriften sind nicht nur
religiöse Zeugnisse, sondern auch wertvolle
historische Quellen. Sie geben Einblick in die
sozialen, politischen und wirtschaftlichen
Spannungen ihrer Zeit. Vor allem zeigen sie,
dass der Glaube in Israel nicht nur ein Tempelkult war, sondern auch eine ethische
Kraft, die Gesellschaft und Politik kritisch begleitete.

Die beiden Reiche lebten über zwei Jahrhunderte nebeneinander her, oft in Konflikt miteinander, manchmal in Bündnissen vereint.
Während Juda sich stärker an den Tempelkult

band, öffnete sich Israel außenpolitischen Einflüssen – nicht zuletzt durch Allianzen mit Nachbarvölkern. Diese Öffnung brachte zwar kurzfristige Erfolge, aber auch wachsende Abhängigkeit.

Die Krise spitzte sich im 8. Jahrhundert v. Chr. zu, als das expandierende Assyrische Reich (heute: Irak/Syrien/Türkei) immer weiter nach Westen drängte. 722 v. Chr. wurde das Nordreich Israel durch die Assyrer erobert, Samaria zerstört und ein großer Teil der Bevölkerung deportiert. Diese „Zehn Stämme" galten fortan als verloren. Das Südreich Juda überlebte vorerst, war jedoch zunehmend gezwungen, sich in die Machtspiele der Großreiche Assyrien, Ägypten und Babylonien einzubinden.

Die Reichsteilung war damit nicht nur eine politische Zäsur, sondern der Beginn einer Epoche wachsender äußerer Bedrohungen und innerer Umbrüche. Der Glaube an einen gemeinsamen Ursprung und eine gemeinsame Berufung überdauerte, doch die Realität hatte das geeinte Israel längst hinter sich gelassen.

Untergang durch äußere Mächte

> **Zeitlicher Rahmen:**
>
> *Untergang des Nordreichs Israel: ca. 722 v. Chr. (durch das Assyrische Reich)*
> *Untergang des Südreichs Juda: 586 v. Chr. (durch das Babylonische Reich)*
> *Beginn des Babylonischen Exils: 586 v. Chr., Ende durch Kyros-Dekret 538 v. Chr.*
>
> **Historische Bewertung:**
>
> *Beide Ereignisse sind historisch gut belegt durch zahlreiche außerbiblische Quellen:*
> *assyrische Königsinschriften (z. B. Tiglatpileser III., Sargon II.)*
> *babylonische Chroniken (z. B. Nebukadnezars Feldzüge)*
> *archäologische Spuren der Zerstörung in Samaria und Jerusalem*
> *Die Deportationen waren Teil gezielter Großmachtpolitik, nicht Vernichtungsaktionen.*

Die Eigenstaatlichkeit des jüdischen Volkes im Land Israel fand in zwei Etappen ein jähes Ende – zunächst im Norden, später im Süden. Beide Male war es das Wirken mächtiger

Reiche, das die politischen Strukturen zerschlug und das Volk in eine neue, fremdbestimmte Realität führte.

Im Jahr 722 v. Chr. wurde das Nordreich Israel von den Assyrern erobert. Samaria, die Hauptstadt, fiel nach mehrjähriger Belagerung, und ein großer Teil der Bevölkerung wurde in weit entfernte Provinzen des Assyrischen Reiches deportiert. Diese Praxis – Deportation statt Vernichtung – war typisch für die assyrische Expansionspolitik: Sie diente der Kontrolle, der Schwächung lokaler Identitäten und der Integration eroberter Gebiete in das imperiale System. Die zehn nördlichen Stämme verschwanden infolgedessen aus der Geschichte; ihre weitere Existenz lässt sich nicht mehr dokumentieren. Sie gingen als die „verlorenen Stämme Israels" in das kollektive Gedächtnis ein.

Das Südreich Juda überstand diese Zeit zunächst – teils durch Anpassung, teils durch strategische Zurückhaltung. Doch im 7. Jahrhundert v. Chr. verschoben sich die geopolitischen Verhältnisse erneut. Das Assyrische Reich zerfiel, und an seine Stelle trat das neubabylonische Imperium unter König Nebukadnezar II. Die Könige von Juda gerieten zunehmend in den Sog der Machtpolitik zwischen Babylonien und Ägypten. Versuche, sich gegen die babylonische Oberherrschaft zu behaupten, führten schließlich zum offenen Konflikt.

Im Jahr 586 v. Chr. wurde Jerusalem von den Babyloniern erobert. Der Tempel – das geistige und kultische Zentrum des jüdischen Lebens – wurde zerstört, die Stadtmauern niedergerissen und ein Großteil der Oberschicht, darunter Priester, Beamte und Handwerker, nach Babylon deportiert. Mit diesem Ereignis endete die Existenz eines unabhängigen jüdischen Staates für viele Generationen.

Das Babylonische Exil war ein traumatischer Einschnitt, aber auch eine Phase tiefgreifender geistiger Neuorientierung. In der Fremde mussten die Juden ihre religiöse Identität ohne Tempel, ohne Opferdienst, ohne Land bewahren. In dieser Zeit begann die Sammlung und Redaktion vieler biblischer Schriften, die heute das Alte Testament bilden.

Auch das Bewusstsein, dass das Volk Israel trotz staatlichem Verlust weiterhin Träger eines göttlichen Auftrags sei, festigte sich. So wurde das Exil paradoxerweise zum Ausgangspunkt einer religiösen Erneuerung, deren Wirkung weit über die Zeit hinausreichte.

Die Erfahrungen von Zerstörung, Verlust und Zerstreuung hinterließen tiefe Spuren in der jüdischen Erinnerung. Der Tempel galt fortan nicht nur als historisches Bauwerk, sondern als Symbol einer vergangenen Einheit und einer künftigen Hoffnung. Jerusalem wurde zur Stadt des Schmerzes – und der Verheißung. Die Vision von Rückkehr und Wiederherstellung, die viele Propheten in dieser Zeit formulierten, prägte das Selbstverständnis des Volkes bis weit in die Diaspora hinein.

Rückkehr und Neubeginn

Nach rund fünf Jahrzehnten des Exils kam es zu einer überraschenden Wende in der Geschichte des jüdischen Volkes. Im Jahr 539

v. Chr. eroberte der persische König Kyros II. das babylonische Reich und veränderte die Machtverhältnisse im gesamten Vorderen Orient. Anders als seine Vorgänger setzte Kyros auf eine Politik der Toleranz gegenüber unterworfenen Völkern. In einem berühmten Erlass – dem sogenannten Kyros-Dekret – erlaubte er verschiedenen ethnischen Gruppen die Rückkehr in ihre angestammten Siedlungsgebiete und die Wiedererrichtung ihrer Tempel.

Auch den Juden wurde die Rückkehr nach Jerusalem gestattet. Es war ein Angebot, kein Zwang – und längst nicht alle Exilierten nahmen es an. Viele waren in Babylon geblieben, hatten sich dort eine neue Existenz aufgebaut, Sprachen gelernt, Netzwerke geknüpft. Dennoch kehrte ein Teil der jüdischen Bevölkerung unter der Führung von Priestern wie Jeschua und politischen Gestalten wie Serubbabel zurück nach Juda. Jerusalem war in Trümmern, der Tempel zerstört, das soziale Gefüge zerrüttet. Doch mit Geduld und Entschlossenheit begannen die Rückkehrer, ihre Stadt und ihr religiöses Zentrum wieder aufzubauen.

Der zweite Tempel wurde um das Jahr 515 v. Chr. vollendet. Er war bei weitem nicht so prächtig wie der erste, aber er symbolisierte die Erneuerung des Bundes zwischen Gott und seinem Volk. In den folgenden Jahrzehnten wurden auch die Stadtmauern wiedererrichtet und die religiöse Ordnung neu strukturiert. Anführer wie Esra und Nehemia spielten eine zentrale Rolle in diesem Prozess: Sie organisierten die Gemeinde, setzten die Beachtung der Tora durch und legten den Grundstein für eine Lebensweise, die stärker als zuvor auf das Gesetz und das Studium als tragende Säulen der Identität setzte.

Politisch blieb Juda in dieser Zeit eine persische Provinz – mit begrenzter Selbstverwaltung, aber ohne staatliche Unabhängigkeit. Die Macht lag bei den persischen Satrapen, doch innerhalb der jüdischen Gemeinde wuchs eine neue Elite heran: die Priester, Schriftgelehrten und Gesetzeslehrer, die fortan das religiöse und gesellschaftliche Leben prägten. Diese erste Umformung des Judentums – vom Tempelkult zur „Religion des Buches" – war eine direkte Folge des Exils und der Rückkehr. Sie ermöglichte dem

Judentum, auch ohne politische Macht und territoriale Sicherheit zu bestehen.

Mit dem Wiederaufbau Jerusalems und des Tempels war das jüdische Volk physisch in sein Land zurückgekehrt, doch die Welt hatte sich verändert. Es war kein souveräner Staat mehr, sondern eine religiöse Gemeinschaft unter fremder Oberhoheit. Und doch blieb die Hoffnung lebendig — auf vollständige Wiederherstellung, auf göttliches Eingreifen, auf eine Zukunft, in der das Volk wieder frei in seinem Land leben würde.

Kapitel 3 (I): Perser, Griechen und Römer – Fremdherrschaft und Widerstand

Unter persischer Oberhoheit

> *Zeitlicher Rahmen:*
>
> *Perserherrschaft über Juda: ca. 538–332 v. Chr.*
> *Zugehörigkeit: Provinz „Jehud" im Persischen Großreich*
> *Wichtige Persönlichkeiten: Kyros II., Darius I., Esra, Nehemia*
>
> *Historische Bewertung:*
>
> *Die persische Verwaltungspolitik ist gut dokumentiert, u. a. durch Keilschriften und Münzfunde.*
> *Die Rolle von Esra und Nehemia ist vor allem biblisch überliefert, aber grundsätzlich plausibel.*
> *Die Zeit war geprägt von relativer Ruhe, kultischer Wiederherstellung und strukturellem Wiederaufbau.*

Mit der Eroberung Babylons durch den Perserkönig Kyros II. im Jahr 539 v. Chr. begann für das jüdische Volk eine neue Phase politischer Fremdherrschaft – jedoch unter deutlich günstigeren Bedingungen als zuvor. Kyros verfolgte eine vergleichsweise tolerante Religionspolitik. Sein berühmter Erlass erlaubte den Juden die Rückkehr nach Jerusalem und die Wiedererrichtung ihres Tempels. Damit wurde Juda als Provinz „Jehud" in das persische Verwaltungsgefüge integriert – mit begrenzter innerer Autonomie, aber unter fester Oberhoheit der Großkönige in Persepolis und Susa.

Die ersten Jahrzehnte standen im Zeichen des Wiederaufbaus. Der Tempel wurde um 515 v. Chr. vollendet, doch das Gemeinwesen blieb zunächst schwach organisiert. Erst mit dem Auftreten von Persönlichkeiten wie Esra, einem Priester und Schriftgelehrten, und Nehemia, einem Beamten am persischen Königshof, nahm die innere Konsolidierung Fahrt auf. Beide wirkten im 5. Jahrhundert v. Chr. als führende Reformer in Jerusalem. Nehemia organisierte den Wiederaufbau der Stadtmauern, während Esra sich um die Festigung der religiösen Ordnung kümmerte.

In dieser Zeit wurde die Tora – das Gesetz Moses – erneut in den Mittelpunkt des Gemeinschaftslebens gestellt. Öffentliche Lesungen und Ermahnungen zur Einhaltung der Gebote sollten das Volk auf eine gemeinsame Grundlage verpflichten. Die Schrift gewann an Bedeutung, ebenso die Stellung der Priester und Gesetzeslehrer. Es entstanden erste Strukturen, die später für das rabbinische Judentum zentral wurden: Die religiöse Autorität verlagerte sich schrittweise vom Opferkult hin zur Auslegung der göttlichen Weisung.

Politisch blieb das jüdische Gemeinwesen jedoch eingeschränkt. Die persischen Behörden ließen die innere Verwaltung weitgehend in den Händen der lokalen Elite, verlangten jedoch regelmäßige Steuerabgaben und erwarteten Loyalität. Eine eigenständige Außenpolitik oder militärische Organisation war ausgeschlossen. Auch das Tempelpersonal war letztlich in den staatlichen Apparat eingebunden – als religiöse Funktionsträger unter Aufsicht.

Trotz dieser Einschränkungen erlebte Juda unter persischer Herrschaft eine vergleichsweise stabile Phase. Es kam zu keinem größeren Aufstand, auch wenn kleinere lokale Spannungen wohl regelmäßig auftraten. Die Juden hatten gelernt, ihren Glauben auch unter Fremdherrschaft zu bewahren – nicht durch Rebellion, sondern durch innere Festigung.

Die persische Epoche war eine Zeit des stillen Aufbaus. Jerusalem blieb zwar weit entfernt von seiner früheren Pracht, doch der Grundstein war gelegt für eine Form des Judentums, das sich künftig nicht mehr an politischer Souveränität, sondern an spiritueller Kontinuität orientieren würde. Diese Entwicklung sollte sich unter den kommenden Fremdherrschaften weiter bewähren – und herausfordern lassen.

Griechische Herrschaft und kultureller Druck

> **Zeitlicher Rahmen:**
>
> *Alexander der Große erobert Juda: 332 v. Chr.*
> *Nachfolgerreiche:*
> *zunächst die Ptolemäer (Ägypten)*
> *später die Seleukiden (Syrien)*
> *Eskalation unter Antiochos IV. Epiphanes: ca. 175–167 v. Chr.*
>
> **Historische Bewertung:**
>
> *Die griechische Herrschaft ist historisch gut dokumentiert.*
> *Die Spannungen zwischen Hellenismus und Judentum sind sowohl in jüdischen als auch in griechischen Quellen bezeugt (Makkabäerbücher, Josephus).*
> *Der Versuch, jüdische Identität durch kulturelle Assimilation zu schwächen, führte schließlich zum Aufstand.*

Im Jahr 332 v. Chr. trat Juda in eine neue Epoche ein: Alexander der Große eroberte das gesamte persische Herrschaftsgebiet, einschließlich des kleinen jüdischen Provinzstaats. Mit ihm begann die Zeit des Hellenismus, einer kulturellen Strömung, die die altorientalische Welt mit griechischem Denken, Lebensstil und politischen Strukturen durchdringen wollte. Nach Alexanders frühem Tod wurde sein Reich unter seinen Generälen aufgeteilt – Juda fiel zunächst an die Ptolemäer in Ägypten, später an die Seleukiden in Syrien.

Die griechische Herrschaft unterschied sich deutlich von der persischen. Wo die Perser eher auf Toleranz und indirekte Kontrolle gesetzt hatten, trachteten die Griechen zunehmend danach, ihre Sprache, ihre Götter und ihre Institutionen durchzusetzen. In Jerusalem entstanden Sportanlagen, Verwaltungsgebäude und politische Strukturen nach hellenistischem Vorbild. Teile der jüdischen Oberschicht passten sich an, gaben ihren Kindern griechische Namen, beteiligten sich am öffentlichen Leben – ein Vorgang, der unter dem Begriff Hellenisierung in die Geschichte eingegangen ist.

Für viele Juden war diese Entwicklung beunruhigend. Die griechische Lebensweise, mit ihrem Körperkult, ihren Philosophien und ihrer polytheistischen Religiosität, stand im scharfen Kontrast zu den jüdischen Geboten, zum Sabbat, zur Beschneidung, zum Speisegesetz. Der wachsende kulturelle Druck führte zu inneren Spannungen: Während ein Teil der Elite den Wandel begrüßte, hielten breite Bevölkerungsschichten an der Tora und den althergebrachten Riten fest.

Die Lage eskalierte unter dem Seleukidenkönig Antiochos IV. Epiphanes, der um 175 v. Chr. den Versuch unternahm, die jüdische Religion systematisch zu unterdrücken. Öffentliche Ausübung des Glaubens wurde verboten, Beschneidung und Sabbat-Feiern unter Strafe gestellt, Schriftrollen verbrannt. Der Tempel in Jerusalem wurde dem griechischen Götterpantheon geweiht – möglicherweise mit der Aufstellung einer Statue des Zeus im Allerheiligsten. Für viele Juden war dies ein Akt der Entweihung und der offenen Verhöhnung ihres Glaubens.

Diese Repression löste einen tiefen Schock aus. Er traf das jüdische Volk nicht nur in seiner äußeren Existenz, sondern in seiner

religiösen Substanz. Die griechische Fremdherrschaft, die zunächst mit subtiler kultureller Durchdringung begonnen hatte, war nun
offen zur gewaltsamen Assimilation überge-
gangen. In dieser Situation wuchs der Widerstand – zunächst im Verborgenen, dann zunehmend offen. Die Weichen waren gestellt
für den Makkabäischen Aufstand, der bald
folgen sollte.

Der Makkabäische Aufstand und die Hasmonäer

Zeitlicher Rahmen:

Beginn des Aufstands: 167 v. Chr.
Tempelreinigung und Chanukka-Ursprung: 164 v. Chr.
Hasmonäische Dynastie: ca. 140–63 v. Chr.
Ende der Unabhängigkeit: 63 v. Chr. (römische Eroberung durch Pompeius)

Historische Bewertung:

Der Makkabäeraufstand ist durch biblische (1./2. Makkabäerbuch) und außerbiblische Quellen (Flavius Josephus) gut dokumentiert.
Die Tempelreinigung 164 v. Chr. gilt als historisch plausibel und bildet die Grundlage des Chanukka-Festes.
Die Hasmonäer herrschten als Priesterkönige, wurden aber zunehmend machtpolitisch und innerlich zerrissen.

Die Repressionen unter Antiochos IV. Epiphanes führten schließlich zu einem offenen Aufstand – einem der bedeutendsten Wendepunkte in der jüdischen Geschichte der

Antike. Den Anfang machte eine einfache Begebenheit: Im Dorf Modi'in weigerte sich der Priester Mattatias, einem königlichen Befehl Folge zu leisten, der die Opferung an heidnische Götter verlangte. Er tötete den königlichen Abgesandten und rief zum bewaffneten Widerstand auf. Gemeinsam mit seinen Söhnen – unter ihnen Judas Makkabäus – begann er einen Guerillakrieg gegen die seleukidischen Truppen und ihre jüdischen Unterstützer.

Der Aufstand weitete sich rasch aus. Was als religiös motivierter Widerstand begann, entwickelte sich zu einem regelrechten Bürgerkrieg mit politischer und sozialer Dimension. Die Truppen der Makkabäer operierten aus dem judäischen Bergland heraus, führten gezielte Schläge, zerstörten Altäre fremder Götter und führten das Volk zurück zur Einhaltung der Tora. Im Jahr 164 v. Chr. gelang der größte symbolische Erfolg: die Rückeroberung und Reinigung des Tempels in Jerusalem. Das Ereignis wurde später zum **Ursprung des Chanukka-Festes**, das bis heute jährlich gefeiert wird.

Nach weiteren militärischen Erfolgen und wechselnden Allianzen – teils auch mit dem entstehenden Römischen Reich – konnte schließlich eine Form politischer Selbstständigkeit erlangt werden. Um 140 v. Chr. etablierte sich unter den Nachkommen Judas eine eigene jüdische Herrscherdynastie: die Hasmonäer. Sie regierten als Priesterkönige in Jerusalem und vereinten – zumindest nominell – weltliche und religiöse Macht.

Doch die Phase der Unabhängigkeit war von Beginn an ambivalent. Einerseits wurde der Tempelbetrieb wiederhergestellt, das jüdische Gesetz offiziell anerkannt, und das Reich gewann an regionalem Einfluss. Andererseits zeigten sich bald innerjüdische Konflikte, Machtkämpfe und Korruption. Die Hasmonäer standen vor dem Dilemma, einerseits das Erbe des frommen Aufstands zu vertreten, andererseits im Stil hellenistischer Herrscher aufzutreten – mit Titeln, Hofprotokollen und dynastischen Rivalitäten.

In dieser Zeit begannen sich auch religiöse Gruppierungen herauszubilden, die unterschiedliche Positionen zur Lage des

Judentums vertraten: die Pharisäer, die das Gesetz und seine Auslegung ins Zentrum rückten, die Sadduzäer, die stärker mit der Tempelaristokratie verbunden waren, und möglicherweise auch die Essener, die sich aus Enttäuschung über den Tempelkult in die Wüste zurückzogen. Diese geistigen Strömungen sollten später eine bedeutende Rolle spielen – auch im Umfeld der entstehenden Jesusbewegung.

Die Hasmonäer hatten den jüdischen Staat für etwa ein Jahrhundert wiederhergestellt – doch die inneren Spannungen, dynastischen Konflikte und außenpolitischen Verstrickungen schwächten ihn zunehmend. Als im Jahr 63 v. Chr. der römische Feldherr Pompeius in Jerusalem einzog, war die Unabhängigkeit endgültig verloren. Die jüdische Geschichte trat damit in eine neue Phase ein: die Zeit römischer Oberherrschaft – und wachsender existenzieller Spannung.

Römische Oberherrschaft und das Königshaus Herodes

Zeitlicher Rahmen:

Beginn der römischen Oberherrschaft: 63 v. Chr. (Eroberung Jerusalems durch Pompeius)
Herrschaft Herodes des Großen: ca. 37–4 v. Chr.
Nachfolgezeit: Herodes-Söhne als Tetrarchen, direkte römische Verwaltung ab ca. 6 n. Chr.

Historische Bewertung:

Die römische Oberherrschaft ist sehr gut dokumentiert – durch römische Quellen, Inschriften, Münzen und den jüdischen Historiker Flavius Josephus.
Herodes der Große war eine ambivalente Figur: von Rom eingesetzt, aber jüdisch geprägt, bekannt für seine Großbauten – und seine Grausamkeit.
Die politische Lage war von Instabilität, wachsenden Spannungen und Widerstand geprägt – die Voraussetzungen für den kommenden Aufstand wurden in dieser Phase gelegt.

Mit dem Jahr 63 v. Chr. begann eine neue Phase in der Geschichte des jüdischen

Volkes: Der römische Feldherr Gnaeus Pompeius griff in einen innerjüdischen Thronstreit ein und nahm Jerusalem ein. Damit wurde das jüdische Reich faktisch zu einem Vasallenstaat Roms. Die politische Eigenständigkeit endete, auch wenn formal zunächst noch jüdische Herrscher eingesetzt blieben. Von nun an bestimmten die Interessen Roms zunehmend das politische Geschehen in Judäa.

In dieser Übergangszeit trat Herodes der Große auf die Bühne – eine der schillerndsten und widersprüchlichsten Gestalten der jüdischen Antike. Herodes war kein Nachfahre der Hasmonäer, sondern entstammte einer idumäischen Familie, die zum Judentum konvertiert war. Er war ein geschickter Machtpolitiker, der sich durch kluge Allianzen mit Rom – insbesondere mit Marcus Antonius und später Augustus – die Königswürde sicherte. Rom verlieh ihm offiziell den Titel „König der Juden", was ihm jedoch bei vielen Juden wenig Legitimität einbrachte.

Herodes herrschte von etwa 37 bis 4 v. Chr. über Judäa – mit harter Hand, aber auch mit außergewöhnlicher Bautätigkeit. Unter seiner Leitung wurde der Zweite Tempel in Jerusalem radikal umgebaut und erweitert – zu einem der eindrucksvollsten Heiligtümer der damaligen Welt. Daneben ließ er Festungen, Paläste, Städte und ein ganzes Infrastrukturnetz errichten – darunter die Hafenstadt Caesarea Maritima, die zur wichtigsten römischen Verwaltungszentrale in der Region wurde.

Doch Herodes war auch berüchtigt für seine Grausamkeit und Paranoia. Mehrere seiner eigenen Söhne und seine Frau ließ er hinrichten, weil er in ihnen Konkurrenten witterte. In der jüdischen Bevölkerung blieb er eine umstrittene Figur – als römischer Vasall, der zwar jüdisch war, aber römisch regierte. Die Spannungen zwischen seiner Herrschaft und den religiösen Strömungen verschärften sich zusehends.

Nach Herodes' Tod wurde sein Reich unter seinen Söhnen aufgeteilt. Diese so genannte Tetrarchie war instabil, und schon wenige Jahre später setzten die Römer direkte Verwaltung durch eigene Statthalter ein –

darunter bekannte Figuren wie Pontius Pilatus. Die römische Kontrolle wurde straffer, die Steuerlast wuchs, und die Missachtung jüdischer religiöser Empfindlichkeiten durch römische Beamte trug zur zunehmenden Radikalisierung bei.

In dieser Atmosphäre formierten sich Widerstandsbewegungen: die Zeloten, die offen zur Rebellion aufriefen, und die Essener, die sich innerlich vom Tempelwesen lossagten. Auch innerhalb des religiösen Establishments wuchs die Kluft: Pharisäer, Sadduzäer und andere Gruppen rangen um Einfluss und Deutungshoheit. Der gesellschaftliche Zusammenhalt bröckelte, die Hoffnung auf politische und religiöse Erneuerung nahm zu.

Die römische Oberherrschaft legte damit den Nährboden für den kommenden Aufstand. Was unter Herodes noch durch Pracht und Macht überdeckt wurde, trat nun immer deutlicher hervor: ein tiefer Riss zwischen Volk und Besatzungsmacht, zwischen religiösem Selbstverständnis und imperialer Realität. Die Katastrophe von 70 n. Chr. nahm in dieser Phase bereits ihren Anfang.

Exkurs: Jesus von Nazareth – Ein Jude verändert die Welt

Herkunft und Lebensumfeld

Zeitlicher Rahmen:

Geburt Jesu: wahrscheinlich zwischen 7 und 4 v. Chr. (unter Herodes dem Großen)
Wirken: ca. 27–30/33 n. Chr.
Tod durch Kreuzigung unter Pontius Pilatus: ca. 30 oder 33 n. Chr.

Historische Bewertung:

Jesus von Nazareth ist eine historisch reale Person, deren Existenz heute von kaum einem seriösen Historiker bestritten wird.
Die genauen Daten seines Lebens sind nicht exakt rekonstruierbar, seine Geburt liegt aber sicher vor dem Tod Herodes des Großen (4 v. Chr.).
Hauptquellen: Evangelien, Flavius Josephus, römische Berichte (Tacitus, Plinius d. J.)

Jesus von Nazareth wurde in eine Zeit hineingeboren, die von politischer Fremdherrschaft, religiöser Spannung und wachsender Unruhe geprägt war. Das Land Judäa stand

unter römischer Kontrolle, der Tempelbetrieb war fest in der Hand der Priesteraristo-
kratie, und die Bevölkerung lebte in einem
Spannungsfeld zwischen Anpassung und
messianischer Hoffnung. In dieser Welt
wuchs Jesus auf – als Jude, in einem kleinen
Ort namens Nazareth in Galiläa, weit entfernt von den Machtzentren Jerusalem oder
Caesarea.

Seine Geburt wird in der christlichen Überlieferung mit Bethlehem in Verbindung gebracht, dem Herkunftsort König Davids, was
theologisch auf eine königliche Messianität
hinweisen soll. Ob Jesus tatsächlich dort ge-
boren wurde oder ob es sich um eine symbolische Ortsnennung handelt, ist aus historischer Sicht nicht sicher zu klären. Sicher ist
jedoch: Er war Teil eines jüdischen Familien-
verbandes, mit Eltern, Geschwistern, Traditionen und einem Alltag, der vom jüdischen
Gesetz, dem Sabbat, den Festen und der Er-
wartung einer göttlichen Erlösung geprägt
war.

Das Galiläa der damaligen Zeit war ein kulturell gemischter Raum: jüdisch geprägt, aber

auch offen für griechisch-römische Einflüsse. Handelswege, sprachliche Vielfalt und soziale Gegensätze prägten die Region. Viele Menschen lebten in Armut, während die oberen Schichten, oft in Kooperation mit der römischen Verwaltung, von den Abgaben profitierten. Die religiöse Landschaft war komplex: Pharisäer, Sadduzäer, Zeloten und andere Gruppen existierten nebeneinander, teils in scharfer Konkurrenz.

In diesem Umfeld begann Jesus mit etwa dreißig Jahren öffentlich zu wirken. Über seine Kindheit und Jugend ist kaum etwas überliefert. Seine Ausbildung scheint stark geprägt gewesen zu sein von der intensiven Auseinandersetzung mit den jüdischen Schriften – der Tora, den Propheten, den Psalmen. Er trat auf als Wanderrabbi, der nicht im Tempel lehrte, sondern unter freiem Himmel, in Dörfern, auf Straßen, an Seen und in Häusern. Seine Zuhörer waren einfache Menschen: Bauern, Handwerker, Fischer — aber auch Frauen, Kranke, Ausgestoßene.

Jesus bewegte sich vollständig innerhalb der jüdischen Tradition. Er zitierte die Tora,

berief sich auf Mose und die Propheten,
sprach aramäisch – die Volkssprache Palästinas –, und sein gesamtes Wirken war einge-
bettet in die religiösen Erwartungen seiner
Zeit. Dass ausgerechnet dieser Mann später
zur zentralen Figur einer neuen Weltreligion
werden würde, war zu seinen Lebzeiten nicht
absehbar. Und doch nahm genau hier – im
galiläischen Alltagsjudentum des 1. Jahrhunderts – eine Bewegung ihren Anfang, die die
Welt tiefgreifend verändern sollte.

Lehre und Auftreten

Zeitlicher Rahmen:

Beginn des öffentlichen Wirkens: vermutlich um das Jahr 27–29 n. Chr.
Dauer der Wirksamkeit: rund 2–3 Jahre
Wirkungsgebiet: vor allem Galiläa, dann Jerusalem in der Schlussphase
Quellenlage: Evangelien, frühe christliche Briefe, indirekte Erwähnungen bei Flavius Josephus und römischen Autoren

Historische Bewertung:

Die Grundzüge von Jesu Lehre und Auftreten gelten als historisch gut rekonstruierbar, auch wenn die Evangelien mit theologischer Deutung durchdrungen sind.
Jesus war ein jüdischer Lehrer mit eigenständigem Verkündigungsstil, der sich deutlich vom damaligen rabbinischen Lehrbetrieb unterschied.

Jesus trat nicht als Priester auf, nicht als politischer Führer und auch nicht als Schriftgelehrter im klassischen Sinn. Sein Auftreten war schlicht, sein Stil direkt, seine Worte kraftvoll und für jedermann verständlich. Er sprach in Bildern – Gleichnissen, die aus dem Alltag seiner Zuhörer stammten: vom Sämann, der Saat ausbringt; vom barmherzigen Samariter; von den Arbeitern im Weinberg. Seine Sprache war konkret, seine Botschaft oft überraschend – und gerade darin lag ihre Wirkung.

Im Zentrum seiner Lehre stand die Verkündigung des „Reiches Gottes" – einer Wirklichkeit, die nicht in ferner Zukunft oder durch äußere Macht zu erwarten sei, sondern schon gegenwärtig, unsichtbar, im Inneren der Menschen begonnen habe. Dieses Reich war geprägt von Umkehr, Gerechtigkeit, Barmherzigkeit und einer radikalen Liebe, die sogar die Feinde miteinschloss. Jesus forderte nicht weniger als eine innere Erneuerung des Menschen – jenseits von rein äußerer Gesetzeserfüllung.

Sein Verhältnis zur Tora war nicht ablehnend, sondern tief verwurzelt und zugleich erneuernd. Er legte das Gesetz mit einem besonderen Gewicht auf Absicht und Herzenshaltung aus. „Der Sabbat ist um des Menschen willen gemacht und nicht der Mensch um des Sabbats willen.", lautete eine seiner bekanntesten Umkehrformeln. Er kritisierte Heuchelei, formalen Ritus ohne inneren Gehalt und das Streben nach religiöser Selbsterhöhung. Das brachte ihn früh in Konflikt mit den Pharisäern und Schriftgelehrten, die sich durch seine unkonventionelle Autorität und seine Beliebtheit beim Volk herausgefordert fühlten.

Zugleich sprach Jesus mit einer Autorität, die nicht von priesterlicher Weihe oder offizieller Stellung abhing. Er heilte Kranke, tröstete die Ausgegrenzten, vergab Sünden – und all das in eigener Vollmacht. Besonders in diesen Handlungen lag für viele Zeitgenossen ein Hinweis darauf, dass hier mehr war als ein Lehrer. Manche nannten ihn Propheten, andere Messias, einige auch Betrüger. Seine Popularität stieg rasch – ebenso wie der Argwohn der religiösen Elite.

Eine zentrale Rolle in seiner Lehre spielte die Grenzüberschreitung: Er sprach mit Samaritern, berührte Aussätzige, ließ sich von Frauen anreden, stellte Kinder in den Mittelpunkt. All das war in der damaligen sozialen

Ordnung ungewöhnlich bis provozierend. Jesus stellte die gewohnte Welt auf den Kopf – aber nicht als Revolutionär im politischen Sinn, sondern als jemand, der das Heilige neu definierte: nicht durch Herkunft oder Status, sondern durch Wahrheit, Liebe und Glauben.

Dieses Auftreten machte ihn zu einer einzigartigen Gestalt seiner Zeit. Er war weder Rebellenführer noch religiöser Funktionär – sondern ein freier Prediger mit tiefem jüdischem Bezug, aber mit einem Anspruch, der über das bisher Dagewesene hinauswies. Die Reaktionen auf ihn waren entsprechend geteilt – und genau diese Ambivalenz begleitete ihn bis zu seinem Tod.

Anspruch und Konfrontation

Je länger Jesus öffentlich wirkte, desto deutlicher trat die Spannung zwischen ihm und den religiösen Autoritäten seiner Zeit zutage. Seine Auslegung der Tora, seine heilenden Handlungen am Sabbat, seine Nähe zu gesellschaftlichen Außenseitern und seine scharfe Kritik an Heuchelei und äußerer Frömmigkeit machten ihn zum Anstoß für viele. Doch es war nicht nur seine Lehre, die als herausfordernd empfunden wurde – es war auch sein Anspruch, mit einer unmittelbaren Vollmacht Gottes zu sprechen und zu handeln.

Jesus sprach nicht im Namen einer Tradition, sondern mit einer Autorität, die ihm selbst innezuwohnen schien. Er vergab Sünden – ein Akt, der im Judentum ausschließlich Gott selbst vorbehalten war. Er heilte Kranke mit einem bloßen Wort. Er redete von Gott als seinem Vater in einer Weise, die sowohl vertraut als auch überpersönlich war. Und er bezeichnete sich selbst als den „Sohn des Menschen" – eine Bezeichnung, die aus dem Buch Daniel stammt und dort mit einer eschatologischen Gestalt verbunden ist, die Macht und Herrschaft von Gott empfängt.

In der Summe war dies ein Messias-Anspruch, der zwar nie in politisch-militärischer Weise formuliert wurde, aber doch als religiös radikal verstanden werden musste. Besonders deutlich wurde das bei seinem letzten Besuch in Jerusalem. Dort trat er öffentlich auf, ritt – gemäß prophetischer Symbolik – auf einem Esel in die Stadt ein, wurde vom Volk mit Hosanna-Rufen empfangen und zog geradewegs in den Tempel, das geistige Zentrum der jüdischen Welt.

Die sogenannte Tempelreinigung, bei der Jesus die Händler und Geldwechsler aus dem Tempel vertrieb, war ein Akt von tiefgreifender Symbolik – und eine direkte Konfrontation mit der Tempelaristokratie, insbesondere mit den Sadduzäern, die den Tempelbetrieb verwalteten und eng mit der römischen Besatzungsmacht kooperierten. Mit dieser Aktion stellte Jesus nicht nur Missstände an den Pranger, sondern den gesamten Tempelkult infrage – ein Schritt, der als direkter Angriff auf die bestehende Ordnung verstanden wurde.

Für die religiösen Führer war klar: Dieser Mann musste gestoppt werden. Nicht nur, weil er gegen bestehende Strukturen predigte, sondern weil sein Einfluss auf das Volk wuchs – und weil seine Worte und Taten den Verdacht erweckten, er könne sich selbst als der von Gott verheißene Messias sehen. Ein Anspruch, den viele fromme Juden zwar erwarteten, aber in dieser Gestalt nicht anerkennen konnten. Ein Messias, der Feindesliebe lehrte, das Gesetz zu übersteigen schien und den Tempel symbolisch „abschaffen" wollte, passte nicht in das erwartete Bild eines von Gott gesandten Erlösers.

So kam es zur Konfrontation. Die religiöse Führung sah sich in einer doppelten Gefahr: durch die geistige Autorität Jesu einerseits – und durch die mögliche Reaktion Roms andererseits, falls eine Massenbewegung außer Kontrolle geraten würde. In diesem Spannungsfeld trafen sie die Entscheidung, Jesus gefangen zu nehmen und an die römische Besatzungsmacht zu übergeben. Der Weg zum Tod war vorgezeichnet – durch das, was er gesagt hatte, und durch das, was er für viele bedeutete.

Verurteilung, Kreuzigung und Tod

Die letzten Tage Jesu begannen mit einem Pessach-Fest in Jerusalem. Die Stadt war überfüllt mit Pilgern, die zum Tempel kamen, um zu opfern und zu beten. Inmitten dieser dichten religiösen Atmosphäre wurde Jesus von seinen Anhängern als der verheißene Messias gefeiert – doch die Stimmung war angespannt. Die jüdische Führung beobachtete sein Auftreten mit zunehmender Sorge, und die römische Verwaltung fürchtete jede Form von Unruhe in der ohnehin unruhigen Provinz.

Jesus wurde in der Nacht verhaftet, nach einem gemeinsamen Mahl mit seinen engsten Jüngern. Der Ort seiner Festnahme war der Garten Getsemani, am Fuß des Ölbergs. Die Evangelien berichten, dass einer seiner eigenen Jünger – Judas Iskariot – ihn den Tempelwachen übergab. Noch in der Nacht wurde Jesus dem Hohen Rat, dem Sanhedrin, vorgeführt. Dort wurde er nach der Überlieferung wegen Gotteslästerung verurteilt – weil er sich selbst als Sohn Gottes bezeichnet habe. Doch der Sanhedrin hatte keine Vollmacht zur Vollstreckung eines Todesurteils. Deshalb wurde Jesus am folgenden Morgen an den römischen Statthalter Pontius Pilatus übergeben.

Pilatus war kein Jude, sondern Vertreter der römischen Ordnung. Sein Interesse galt in erster Linie der Aufrechterhaltung der Ruhe. Ihm wurde Jesus als Aufrührer und „König der Juden" präsentiert – ein Titel, der in römischer Sicht ein politisches Verbrechen bedeutete: Majestätsbeleidigung gegenüber dem Kaiser. Obwohl Pilatus laut den Quellen keine klare Schuld erkennen konnte, ließ er sich unter dem Druck der Umstände auf die Verurteilung ein.

Die Hinrichtungsart war typisch römisch: Kreuzigung – ein grausamer Tod, vorbehalten für Sklaven, Rebellen und Verbrecher gegen den Staat. Jesus wurde verspottet, geschlagen, gegeißelt und schließlich außerhalb der Stadtmauern zur Hinrichtungsstätte Golgotha geführt. Dort wurde er an das Kreuz genagelt – zwischen zwei Verbrechern. Über seinem Haupt ließ Pilatus ein Schild anbringen mit der Inschrift: „Jesus von Nazareth, König der Juden" – in Hebräisch, Griechisch und Latein. Diese Inschrift war mehr als eine Beschreibung: Sie war eine politische Ironie und ein letzter Akt römischer Machtdemonstration.

Mit dem Tod am Kreuz endete das Leben Jesu – aus der Sicht seiner Jünger zunächst in tiefster Niederlage. Der Mann, der Hoffnung auf Befreiung gebracht hatte, starb wie ein Verbrecher. Doch in dieser äußersten Erniedrigung begann zugleich der Wandel: Denn seine Anhänger waren überzeugt, dass der Tod nicht das Ende gewesen sei. Sie erzählten plötzlich von Begegnungen mit Jesus nach seinem Tod am Kreuz und berichteten, dass er von den Toten auferstanden sei – ein Ereignis, das alles veränderte.

Wirkung und Nachgeschichte

Zeitlicher Rahmen:

Entstehung der Urgemeinden: unmittelbar nach dem Tod Jesu, ab ca. 30 n. Chr.
Verbreitung des Christusglaubens im Mittelmeerraum: ca. 30–100 n. Chr.
Trennung zwischen Judentum und Christentum: schleichender Prozess, verstärkt ab dem 2. Jh. n. Chr.

Historische Bewertung:

Die Existenz von Jüngergemeinden und ihrer Überzeugung, Jesus sei von den Toten auferstanden, ist historisch unbestritten.
Ob diese Auferstehung ein reales Ereignis, eine spirituelle Erfahrung oder eine kollektive Deutung war, bleibt dem persönlichen Glauben überlassen. Die weltgeschichtliche Wirkung Jesu steht außer Frage.

Der Tod Jesu am Kreuz bedeutete nicht das Ende seiner Geschichte – zumindest nicht für jene, die ihm gefolgt waren. Im Gegenteil: In den Tagen und Wochen nach der Kreuzigung begannen seine Jünger zu berichten, dass sie ihm wieder begegnet seien – lebendig, in verklärter Gestalt, in Gesprächen, beim Brotbrechen, auf dem Weg, in Häusern, allein oder gemeinsam. Diese Berichte sind der Ursprung dessen, was später der christliche Glaube an die Auferstehung genannt wurde.

Ob es sich bei diesen Erfahrungen um reale physische Begegnungen, um spirituelle Visionen, innere Gewissheiten oder symbolische Deutungen handelte, ist nicht eindeutig zu beantworten – und wurde auch von den ersten Anhängern unterschiedlich empfunden. Fest steht: Für sie war klar, dass Jesus nicht im Tod geblieben war. Diese Überzeugung veränderte alles. Aus einem verstörten und zerstreuten Kreis wurde in kurzer Zeit eine bewegte, mutige Gemeinschaft, die begann, von ihrem Lehrer zu erzählen – von seinem Leben, seiner Botschaft, seinem Tod und dem Glauben an seine bleibende Gegenwart.

Zunächst geschah dies innerhalb des Judentums. Die ersten Anhänger Jesu – darunter Petrus, Jakobus, Johannes – betrachteten sich nicht als Gründer einer neuen Religion, sondern als Juden, die den verheißenen

Messias gefunden hatten. Sie hielten weiterhin die Gebote, feierten die Feste, gingen in den Tempel – doch sie taten es im Bewusstsein, dass sich in Jesus etwas grundlegend erfüllt habe.

Doch mit der Zeit kam es zu Reibungen. Die Botschaft von Jesus fand auch bei Nichtjuden Anklang – vor allem durch die missionarische Arbeit von Paulus von Tarsus, selbst ein gebildeter Jude, der zur Überzeugung gelangt war, dass Jesu Botschaft für alle Menschen bestimmt sei. Die Frage, ob Heiden zum Judentum übertreten müssten, um Christus zu folgen, wurde bald zum Zankapfel. Am Ende stand eine neue religiöse Bewegung, die sich immer weiter vom Judentum ablöste – zunächst strukturell, dann theologisch.

Diese Trennung war kein geplanter Bruch, sondern ein schleichender, schmerzhafter Prozess. Viele Juden sahen in den Anhängern Jesu einen gefährlichen Irrweg, während die frühen Christen im jüdischen Establishment eine Kraft der Verhärtung sahen. Theologische Gegensätze wurden emotional aufgeladen, Missverständnisse vertieft. Die

Zerstörung des Tempels im Jahr 70 n. Chr. wirkte dabei als Katalysator: Während das Judentum sich neu auf die Tora und die rabbinische Tradition konzentrierte, entwickelte sich das Christentum zunehmend eigenständig – mit Jesus im Zentrum.

Unabhängig von der Frage nach dem wahren Messias bleibt festzuhalten: Jesus von Nazareth hat die Geschichte der Menschheit verändert – als Prediger, als Opfer, als Symbol und für Milliarden als lebendiger Erlöser. Dass dieser Mann aus Galiläa, der nur in einem kleinen Gebiet wirkte, keine Bücher schrieb, keine Armee befehligte und keine Macht ausübte, zur wichtigsten Einzelgestalt der Weltgeschichte wurde, ist ein Phänomen, das auch außerhalb des Glaubens Beachtung verdient.

Für das Judentum blieb Jesus eine umstrittene Figur: für viele ein Irrlehrer, für manche ein tragischer Missverstandener, für einige auch ein moralischer Lehrer von hohem Rang. Für das entstehende Christentum hingegen wurde er der Mittelpunkt aller Hoffnung – derjenige, in dem sich das Handeln

Gottes in der Welt endgültig verwirklicht habe.

So trennten sich zwei Wege — beide tief im jüdischen Boden verwurzelt —, und doch gingen sie fortan in unterschiedliche Richtungen. Dass Jesus selbst Jude war, bleibt dabei eine oft übersehene, aber grundlegende Tatsache. Er sprach, wirkte und starb als Sohn Israels — und bleibt damit für jede Auseinandersetzung mit der Geschichte dieses Volkes von zentraler Bedeutung.

Kapitel 3 (II):

Der jüdische Aufstand und die Zerstörung Jerusalems

Zeitliche Einordnung:

*Jüdischer Aufstand gegen Rom: 66–70 n. Chr.
Belagerung und Zerstörung Jerusalems durch Titus: 70 n. Chr.
Folgen: Zerstörung des Zweiten Tempels, Massenvernichtung, Beginn der endgültigen Diaspora*

Historische Bewertung:

*Hauptquelle ist der jüdische Historiker Flavius Josephus, selbst Zeitzeuge
Römische Quellen und archäologische Befunde bestätigen wesentliche Elemente seines Berichts
Bruch zwischen Judentum und römischer Macht
Religiöser, politischer und kultureller Wendepunkt
Endgültiger Verlust des Tempelkults, Beginn der rabbinischen Phase des Judentums*

Der jüdische Aufstand gegen Rom in den Jahren 66 bis 70 n. Chr. war kein zufälliger Ausbruch, sondern das Ergebnis jahrzehntelanger Spannungen, religiöser Unterdrückung und wachsender politischer Frustration. Die römische Verwaltung in Judäa war geprägt von Korruption, kultureller Ignoranz und einer brutalen Besatzungspolitik, die das jüdische Volk tief verletzte. Hinzu kam der religiöse Konflikt: Der Monotheismus der Juden und ihr Tempelkult standen im Widerspruch zur heidnischen Vielgötterwelt Roms.

Im Jahr 66 n. Chr. eskalierte die Lage. In Jerusalem wurden römische Truppen angegriffen, jüdische Aufständische übernahmen die Kontrolle über die Stadt. Der Aufstand weitete sich rasch aus und wurde von verschiedenen Gruppierungen getragen – darunter Zeloten, national-religiöse Eiferer, und solche, die einfach den Hass auf Rom teilten. Doch diese Gruppen waren innerlich zerstritten, uneins über Strategie und Ziel. Jerusalem wurde damit nicht nur zum Zentrum des Widerstands, sondern auch zum Schauplatz eines innerjüdischen Bürgerkriegs.

Rom reagierte mit aller Härte. Der Feldherr Vespasian wurde entsandt, später übernahm sein Sohn Titus das Kommando. Methodisch und unerbittlich arbeiteten sich die

römischen Legionen durch das Land. Städte
wurden zerstört, Zehntausende getötet oder
versklavt. Schließlich wurde Jerusalem bela-
gert – monatelang, unter grausamsten Bedingungen. Hunger, Krankheit und gegensei-
tige Gewalt zermürbten die Verteidiger. Als
die Römer 70 n. Chr. die Stadtmauern durchbrachen, war der Widerstand gebrochen –
und die Katastrophe nahm ihren Lauf.

Der Tempel, das religiöse Zentrum des Judentums, wurde in Brand gesetzt und zerstört. Nur ein Teil der westlichen Stützmauer
blieb bestehen – die heutige Klagemauer.
Hunderttausende Juden wurden getötet,
verschleppt oder verkauft. Der Tempelkult
fand ein jähes Ende. Mit der Zerstörung Jerusalems war nicht nur ein politischer Aufstand
gescheitert – es war der Anfang vom Ende
der jüdischen Präsenz im eigenen Land.

Viele Juden flohen in andere Teile des Römischen Reiches. Die Diaspora, die bereits in
Jahrhunderten zuvor begonnen hatte, nahm
nun eine neue, umfassende Dimension an.
Jerusalem wurde zur römischen Garnisons-
stadt, später sogar vollständig umbenannt –

in Aelia Capitolina. Juden war zeitweise der Zutritt zur Stadt verboten.

Für das Judentum bedeutete dieser Einschnitt eine völlige Umorientierung. Ohne Tempel, ohne Opferkult, ohne Priestertum musste die Religion neu gedacht und neu strukturiert werden. Rabbiner, Schriftgelehrte und Gelehrte begannen, das Erbe zu bewahren – in Form von Schrift, Gebet, Halacha (Gesetz) und Auslegung. Der Glaube wurde aus der zentralen Kultstätte herausgelöst – und ins Herz, in das Haus, in die Synagoge getragen.

So endete eine Epoche, und eine neue begann – die lange Zeit der Zerstreuung, die fast zwei Jahrtausende dauern sollte. Doch die Erinnerung an das Land, an Zion, an den Tempel, an Jerusalem – sie blieb lebendig. Nicht nur als Mythos, sondern als Hoffnung.

Exkurs: Zwischen Tempel und Talmud – Die Neuerfindung des Judentums

Zeitlicher Rahmen:

70 n. Chr. – ca. 500 n. Chr. (Zerstörung des Zweiten Tempels bis zum Abschluss des Babylonischen Talmuds)

Historische Bewertung:

Die Zerstörung des Zweiten Tempels bedeutete nicht nur den Verlust eines religiösen Zentrums, sondern das Ende des kultischen, priesterlichen Judentums. Aus dieser Krise heraus entwickelte sich ein neues, schrift- und gesetzesorientiertes Judentum, das auf Lehre, Gebet, Synagoge und Auslegung gründete – getragen von Gelehrten statt Priestern. Dieses rabbinische Judentum wurde zur tragenden Form der jüdischen Identität in der Diaspora und prägt das Selbstverständnis des Judentums bis heute.

Mit der Zerstörung des Zweiten Tempels durch die Römer im Jahr 70 n. Chr. endete eine Epoche, die das Judentum über Jahrhunderte hinweg geprägt hatte: Das Zeitalter des kultischen Opferdienstes, des levitischen

Priestertums und des religiösen Zentrums in Jerusalem. Der Tempel war nicht nur ein Bauwerk – er war der Brennpunkt jüdischer Gottesbeziehung, nationaler Identität und religiöser Ordnung. Mit seinem Untergang stand das jüdische Volk nicht nur politisch vor dem Nichts, sondern auch religiös.

Denn das damalige Judentum war im Kern ein Tempel-Judentum. Fast alle religiösen Vorschriften – von der kultischen Reinheit über das Opferwesen bis hin zum Ablauf der Feiertage – waren auf den Tempel hin ausgerichtet. Ohne ihn war die Fortführung des überlieferten Glaubenssystems in seiner bisherigen Form unmöglich. Es war, als hätte man dem jüdischen Volk sein spirituelles Herzstück genommen. Doch genau in dieser existenziellen Krise vollzog sich ein erstaunlicher und bis heute wirkmächtiger Wandel: die Transformation zum rabbinischen Judentum.

Diese Neuausrichtung beruhte auf mehreren fundamentalen Verschiebungen:

Erstens: Die Autorität verlagerte sich von Priestern zu Schriftgelehrten, den Rabbinern. Nicht mehr Opfer, sondern das Studium der Tora, die Diskussion über das Gesetz und die Anwendung auf das tägliche Leben wurden zur zentralen religiösen Praxis.

Zweitens: Der Ort der Anbetung verlagerte sich von Jerusalem in die Synagoge, die schon vorher existierte, nun aber zur Hauptstätte des Gebets und der Unterweisung wurde. Auch das private, familiäre Leben gewann an religiöser Bedeutung – das Haus wurde zur „kleinen Stätte" der Gottesbegegnung.

Drittens: Anstelle ritueller Opfer traten Gebet, Buße und das Halten der Gebote als Mittel der Gottesverehrung. So wurde das Judentum diaspora-tauglich – unabhängig von Tempel, Land und Königtum.

Diese Veränderungen führten zu einer Phase intensiver religiöser Literaturproduktion. In Palästina und vor allem in Babylonien entstanden in den folgenden Jahrhunderten die Mischna (um 200 n. Chr.) und die Talmudim (palästinensischer Talmud um 400 n. Chr., babylonischer Talmud um 500 n. Chr.). In ihnen wurde nicht nur das mosaische Gesetz ausgelegt, sondern ein ganzes religiöses und gesellschaftliches Weltbild entworfen, das den Alltag der Juden in der Diaspora regelte – bis ins kleinste Detail.

Der Talmud wurde zum geistigen Tempel, die Halacha (religiöse Gesetzesauslegung) zum neuen Ordnungsrahmen. In dieser Entwicklung liegt der vielleicht größte geistige Kraftakt des jüdischen Volkes: Statt unterzugehen, wurde aus der Katastrophe heraus eine neue, innere Ordnung geschaffen – nicht durch politische Macht, sondern durch geistige Tiefe, rechtliche Präzision und spirituelle Disziplin.

Diese Wende hatte jedoch auch eine Kehrseite. Der Abstand zum ursprünglichen Kult und zum Land Israel wuchs. Die Rückkehr nach Zion blieb zwar zentrale Hoffnung – täglich im Gebet ausgesprochen –, aber sie wurde zunehmend eine spirituelle Idee, nicht mehr ein konkretes politisches Ziel. Erst der Zionismus des 19. Jahrhunderts sollte diesen Gedanken wieder erden.

In der langen Zeit der Diaspora aber war es diese neue, talmudisch geprägte Form des Judentums, die das Überleben der jüdischen Identität ermöglichte – über Jahrhunderte hinweg, unter wechselnden Herrschaften, in unterschiedlichsten kulturellen Umgebungen. Sie war die Voraussetzung dafür, dass es 1948 überhaupt noch ein jüdisches Volk gab, das in den eigenen Staat zurückkehren konnte.

Teil II: Diaspora – Zerstreut, aber nicht vergessen (70–1948)

Kapitel 4: Verstreut in alle Welt – Der Beginn der Diaspora

Zeitlicher Rahmen:

Jahrhundert n. Chr. bis ca. 1000 n. Chr. Zerstreuung nach der Tempelzerstörung bis zur Konsolidierung regionaler jüdischer Gemeinschaften in Europa, dem Nahen Osten und Nordafrika.

Historische Bewertung:

Die Zerstörung Jerusalems im Jahr 70 n. Chr. durch die Römer und die endgültige Niederschlagung des Bar-Kochba-Aufstands 135 n. Chr. führten zur großflächigen Zerstreuung des jüdischen Volkes. In der Folge entstanden jüdische Gemeinden in nahezu allen Teilen des Römischen Reiches, im Sassanidenreich, in Äthiopien und auf der arabischen Halbinsel. Die Diaspora war keine einheitliche Erfahrung, sondern vielfältig: geprägt von Integration und Ausgrenzung, von Toleranz und Verfolgung – je nach Zeit, Region und Herrschaftssystem. Gleichwohl blieb die jüdische Identität durch Religion, Sprache, Endogamie und Erinnerung über Jahrhunderte hinweg stabil.

Mit dem Fall Jerusalems im Jahr 70 n. Chr. und der anschließenden Niederlage im Bar-Kochba-Aufstand 135 n. Chr. begann ein neues Kapitel in der Geschichte des jüdischen Volkes – das Kapitel der Diaspora. Zwar hatte es auch zuvor schon jüdische Gemeinschaften außerhalb des Landes Israel gegeben – etwa in Babylonien, Alexandria oder Rom –, doch nun wurde die Zerstreuung zum dominanten Schicksal des Volkes.

Der Begriff „Diaspora" (griechisch: Zerstreuung) bezeichnet dabei nicht einfach geografische Verteilung, sondern eine strukturelle Realität: ein Volk ohne Staat, ohne Land, ohne zentrales Heiligtum, das dennoch eine kollektive Identität aufrechterhielt. Diese Identität war nicht mehr politisch-territorial, sondern religiös und kulturell verankert – gespeist aus der Tora, dem Talmud, dem Gebet und der Hoffnung auf Rückkehr.

Die Wege der Zerstreuten führten in viele Richtungen:

Nach Babylonien (dem heutigen Irak), wo sich das geistige Zentrum des rabbinischen Judentums entwickelte

In den östlichen Mittelmeerraum und nach Nordafrika: Alexandria, Kyrene, Karthago

Nach Kleinasien, in die Städte des Römischen Reichs, später ins Byzantinische Reich

Und schließlich auch in den europäischen Westen: zunächst nach Italien, Gallien, später nach Spanien und das heutige Deutschland.

In dieser Phase formten sich die ersten Konturen der späteren großen Zweige des Judentums:
das sephardische Judentum im Mittelmeerraum und das aschkenasische Judentum im nördlichen Europa. Parallel dazu entstanden eigenständige jüdische Gemeinschaften im Jemen, in Äthiopien (Beta Israel), im Iran (Persien) und im Maghreb.

Die Lebensverhältnisse der Juden in der Fremde waren vielfältig und wechselhaft. Es gab Phasen relativer Toleranz und wirtschaftlicher Blüte – etwa im persischen Sassanidenreich oder unter den frühen muslimischen Kalifen –, ebenso aber Zeiten massiver Ausgrenzung, Enteignung und Verfolgung – wie im byzantinischen Reich oder später unter bestimmten christlichen Herrschern.

Ghettos, Schtetl und Dhimmi-Status
Drei Begriffe prägen das Bild des jüdischen Lebens in der Diaspora – jeweils abhängig von Region und Herrschaftsform:

Ghetto:
Ursprünglich in Italien geprägt (besonders in Venedig ab dem 16. Jahrhundert), beschreibt dieser Begriff die verpflichtende räumliche Trennung der jüdischen Bevölkerung in abgeschlossenen Stadtvierteln. Doch Ansätze dieser Trennung finden sich bereits in spätantiken Städten – freiwillig oder erzwungen. Das Ghetto war zugleich Zuflucht und Begrenzung: Es schützte die jüdische Lebensweise, aber es symbolisierte auch die Ausgrenzung.

Schtetl:

Im osteuropäischen Raum entwickelte sich – vor allem im späteren Mittelalter – eine Form jüdischer Lebenswelt in kleinen, oft ländlichen Siedlungen, den sogenannten Schtetlach. Diese Orte waren mehrheitlich jüdisch geprägt, mit eigener Infrastruktur, religiösem Leben und sozialen Strukturen. Das Schtetl war oft Ausdruck freiwilliger Konzentration, aber auch Folge von Vertreibung und Beschränkung. Es steht für das autonome, aber verletzliche jüdische Leben in der Peripherie der christlichen Welt.

Dhimmi-Status:

Im islamischen Herrschaftsbereich – vor allem nach dem 7. Jahrhundert – wurde der jüdischen Bevölkerung der Status der Dhimma zugewiesen: Schutzbefohlene Minderheit mit eingeschränkten Rechten. Juden durften ihre Religion ausüben, Synagogen unterhalten, Handel treiben, waren aber rechtlich benachteiligt, mussten Sonderabgaben leisten (Dschizya) und bestimmten gesellschaftlichen Regeln folgen. Im Vergleich zur oft aggressiveren christlichen Verfolgung bot dieser Status zwar keine Gleichberechtigung, aber eine gewisse Sicherheit und Berechenbarkeit.

Unabhängig von Region und Status war das jüdische Leben in der Diaspora durch einige Konstanten geprägt:

Die Synagoge ersetzte den Tempel als geistiger Mittelpunkt.

Das Gebet wurde zum zentralen Kultakt.

Die Tora und der Talmud wurden studiert, ausgelegt, tradiert – Generation für Generation.

Endogamie (Heirat innerhalb der eigenen Gemeinschaft) half, kulturelle Identität zu bewahren.

Und die Sehnsucht nach Jerusalem blieb lebendig – nicht nur in Formulierung und Gebet, sondern als tiefe Hoffnung, die das Exil durchtrug.

So entstand ein paradoxes Phänomen: ein volkloses Volk mit starker innerer Struktur –

ohne Armee, ohne Regierung, ohne Territorium, aber mit Schulen, Gerichten, Ritualen und gelebter Erinnerung.

Diese erste große Phase der Diaspora bereitete das Fundament für alles Weitere: für die Formbarkeit und Standhaftigkeit des Judentums, für seine Anpassungsfähigkeit ohne Selbstaufgabe – und für seine fortwährende Verbindung zum Land, das es physisch verloren, aber geistig nie verlassen hatte.

Kapitel 5: Verfolgung, Pogrome und Überlebenswille

Zeitlicher Rahmen:

ca. 1000–1900 n. Chr.
(Vom Hochmittelalter bis zur frühen Neuzeit und dem osteuropäischen Zarenreich)

Historische Bewertung:

Die Geschichte des Judentums in der Diaspora ist nicht nur eine Geschichte der Anpassung, sondern auch der immer wiederkehrenden Bedrohung. Besonders in der christlich geprägten Welt des Mittelalters und der frühen Neuzeit war das jüdische Leben gekennzeichnet von Diskriminierung, Gewalt und systematischer Ausgrenzung. Pogrome, Zwangstaufen, Vertreibungen und Morde waren keine Ausnahmen, sondern wiederkehrende Realität. Der religiös motivierte Antijudaismus verschmolz zunehmend mit kulturellen und wirtschaftlichen Ressentiments – und schuf so ein Umfeld, das die jüdische Existenz dauerhaft gefährdete. Umso bemerkenswerter ist das Überleben jüdischer Identität, das auf innerer Geschlossenheit, spiritueller Resilienz und dem Festhalten an der eigenen Überlieferung beruhte.

Nach der ersten Phase der Diaspora, die von geografischer Ausbreitung und innerer Neuordnung geprägt war, begann im Hochmittelalter eine Zeit zunehmender Bedrohung für das jüdische Leben – vor allem in Europa. Der äußere Schutz, der in früheren Jahrhunderten – etwa unter islamischer Herrschaft oder durch lokale Fürsten – mitunter gewährleistet gewesen war, wich mehr und mehr einer systemischen Feindschaft, insbesondere im sich konsolidierenden christlichen Abendland.

Antijudaismus im Mittelalter: Kreuzzüge und Pestpogrome

Bereits im 11. Jahrhundert, mit dem Beginn der Kreuzzüge, entlud sich die Feindseligkeit gegenüber den Juden in brutalen Gewaltakten. Während sich die christlichen Heere aufmachten, das Heilige Land von den Muslimen zu „befreien", richtete sich ihr religiöser Eifer auch gegen jene, die man in der eigenen Nachbarschaft als „Gottesmörder" betrachtete: die Juden.

Im Zuge des Ersten Kreuzzugs (1096) kam es zu Massenmorden an jüdischen Gemeinden entlang des Rheins – in Worms, Speyer,

Mainz. Diese Gewaltexzesse – oftmals begleitet von Zwangstaufen und Plünderungen –
markieren den Beginn einer langen Kette religiös motivierter Übergriffe, bei denen religiöser Eifer, ökonomische Gier und soziale
Spannungen Hand in Hand gingen.

Eine weitere Eskalation erlebte der Antijudaismus während der Pestjahre 1348–1351. In
einer Zeit kollektiver Angst, medizinischer
Hilflosigkeit und religiöser Erklärungsmuster
wurden die Juden als Sündenböcke für die
Katastrophe verantwortlich gemacht. Es kur-
sierten Gerüchte, sie hätten Brunnen vergif-
tet, um die Christen zu töten. In der Folge
kam es zu hunderten Pogromen im ganzen
Heiligen Römischen Reich, in Frankreich,
Spanien und weiteren Teilen Europas. Tausende Juden wurden ermordet, ihre Häuser
niedergebrannt, ihre Gemeinden zerstört.
Selbst päpstliche Interventionen zugunsten
der Juden und gegen diese Anschuldigungen
konnten das Morden kaum aufhalten.

In dieser Zeit verfestigte sich der kulturell-re-
ligiöse Antijudaismus: die Juden galten als
Feinde Christi, als „verstocktes“ Volk, das den

wahren Glauben ablehnte. Sie wurden in vielen Städten gezwungen, abgesondert zu leben, bestimmte Kleidung zu tragen (z. B. Judenhüte oder gelbe Abzeichen) und durften nur noch in wenigen Berufen tätig sein – zumeist im Handel oder im Geldverleih, was wiederum neue Feindbilder erzeugte.

Spanien 1492: Vertreibung und Inquisition
Einen besonders dramatischen Höhepunkt fand die Verfolgung im katholischen Spanien: Über Jahrhunderte hatten dort Juden unter islamischer und später christlicher Herrschaft gelebt – oft in relativer Sicherheit und kultureller Blüte (z. B. in Córdoba oder Toledo). Doch mit dem Sieg der „Reconquista" – der Rückeroberung Spaniens durch christliche Könige – änderte sich das Klima radikal.

Bereits im 14. Jahrhundert kam es zu ersten Zwangstaufen und Gewaltakten gegen die jüdische Bevölkerung. Der entscheidende Bruch erfolgte jedoch 1492: Im selben Jahr, in dem Kolumbus Amerika entdeckte, verfügten Isabella von Kastilien und Ferdinand von Aragon die vollständige Vertreibung der

Juden aus ihren Reichen. Alle, die nicht zum Christentum übertraten, mussten Spanien verlassen – eine Zahl von etwa 150.000 bis 200.000 Personen.

Viele dieser Juden – die sogenannten Sephardim – fanden Zuflucht im Osmanischen Reich, in Nordafrika, in den Niederlanden oder Italien. Doch selbst jene, die zum Christentum übertraten (die sogenannten Conversos oder Marranen), waren nicht sicher. Die 1478 gegründete Spanische Inquisition verfolgte sie unter dem Verdacht, heimlich weiter jüdische Rituale zu praktizieren. Hier zeigt sich ein neuer Aspekt der Verfolgung: Nicht mehr nur Religion, sondern Herkunft wurde zur Schuld – eine Vorform des späteren rassischen Antisemitismus.

Pogrome im Zarenreich
Auch im Osten Europas war das jüdische Leben ab dem 18. und besonders im 19. Jahrhundert von systematischer Diskriminierung geprägt. Im Russischen Zarenreich lebten Juden vor allem in einem eigens definierten Gebiet – dem „Ansiedlungsrayon" –, das weite Teile der heutigen Ukraine, Weiß-

russlands und Polens umfasste. Innerhalb dieses Gebiets entstanden hunderte jüdischer Gemeinden – viele davon in Schtetlach.

Die Lebensbedingungen waren von Armut, sozialer Enge und staatlicher Kontrolle geprägt. Immer wieder kam es zu Pogromen, also organisierten Gewaltausbrüchen gegen jüdische Gemeinden – mit Duldung oder Unterstützung der Behörden. Besonders berüchtigt waren die Pogrome nach der Ermordung von Zar Alexander II. im Jahr 1881, sowie jene zwischen 1903 und 1906 (z. B. in Kischinjow). Tausende Juden wurden erschlagen, ihre Häuser niedergebrannt, Frauen vergewaltigt, Kinder verstümmelt – die Polizei griff kaum ein.

Diese Pogrome lösten eine große Auswanderungswelle aus: Zwischen 1881 und dem Ersten Weltkrieg verließen über zwei Millionen Juden Osteuropa, vor allem in Richtung Nordamerika. In den USA entstanden daraus große jüdische Gemeinden – besonders in New York –, die einen neuen Zweig der Diaspora bildeten.
Der religiöse und kulturelle Antisemitismus

Allen genannten Ereignissen liegt ein wiederkehrendes Muster zugrunde: Der Antijudaismus speiste sich nicht nur aus theologischen Motiven, sondern zunehmend aus sozialen, wirtschaftlichen und kulturellen Spannungen. Juden wurden als Fremdkörper wahrgenommen – sowohl im religiösen Sinn („Gottesmörder") als auch im sozialen („Wucherer") oder kulturellen („Andersartige").

Hinzu kam ein tiefsitzendes Misstrauen gegenüber der jüdischen Eigenständigkeit: die Weigerung, sich zu assimilieren, die Treue zur eigenen Religion, Sprache und Tradition. Diese Merkmale, die in anderen Kontexten als Integritätsbeweis gewertet werden könnten, galten in vielen Gesellschaften als Provokation – und machten die Juden zu Sündenböcken für politische, wirtschaftliche oder gesundheitliche Krisen.

Der kulturelle Antisemitismus des 19. Jahrhunderts – besonders in Deutschland, Frankreich, Österreich und Russland – bereitete so bereits den Boden für eine neue, pseudowissenschaftliche Ideologie, die das Judentum nicht mehr als Glaubensgemeinschaft, sondern als „Rasse" definierte. Dieser Übergang vom religiösen zum rassischen Antisemitismus stellte die tiefste Bedrohung dar: Denn was durch Taufe nicht mehr auszulöschen war, sollte fortan durch Vernichtung beseitigt werden.

Und doch: Trotz all dieser Verfolgungen, Vertreibungen, Pogrome und Massaker blieb das jüdische Volk bestehen. Nicht durch politische Macht oder militärische Stärke – sondern durch seine geistige Widerstandskraft, die Tiefe seiner religiösen Ordnung, seine familiären Bindungen und das ungebrochene Vertrauen darauf, dass seine Geschichte nicht mit der Verzweiflung endet, sondern mit Hoffnung beginnt.

Exkurs: Licht in der Diaspora – Jüdische Beiträge zu Wissenschaft, Kultur und Gesellschaft

Zeitlicher Rahmen:

Während der gesamten Zeit der jüdischen Diaspora – also vom Beginn der Zerstreuung nach der Tempelzerstörung (70 n. Chr. bzw. 135 n. Chr.) bis zur Gründung des Staates Israel im Jahr 1948, teilweise auch darüber hinaus.

Historische Bewertung:

Der Beitrag jüdischer Gemeinschaften zur kulturellen und geistigen Entwicklung ihrer jeweiligen Gastländer ist in der Rückschau unübersehbar. Die jüdische Diaspora war keine reine Opfergeschichte – sondern auch eine Geschichte der Selbstbehauptung, Kreativität und des Beitrags zur Gesamtzivilisation.
Diese produktive Rolle verdient es, bewusst gemacht und gewürdigt zu werden, ohne in Idealisierung zu verfallen. Es handelt sich um ein Beispiel dafür, wie Minderheiten trotz Benachteiligung kulturell und gesellschaftlich prägend wirken können – ein Phänomen, das weit über das Judentum hinausreicht, dort aber in besonders konzentrierter Form sichtbar wird.

Zwischen Ausgrenzung und Anerkennung – Die doppelte Existenz

Das Leben in der Diaspora war für die jüdischen Gemeinden über Jahrhunderte hinweg ein Paradoxon: auf der einen Seite waren sie rechtlich benachteiligt, gesellschaftlich isoliert und immer wieder Zielscheibe von Hass und Gewalt; auf der anderen Seite gelang es ihnen immer wieder, durch Bildung, Disziplin und kulturelle Identität zu intellektuellen und wirtschaftlichen Trägern ihrer jeweiligen Gesellschaften zu werden.

Schon im Mittelalter wirkten jüdische Gelehrte an bedeutenden Universitäten Europas und der islamischen Welt mit – oft als Vermittler zwischen Kulturen, etwa im arabisch-jüdisch-lateinischen Wissenstransfer. Bedeutende Ärzte und Philosophen wie Maimonides (12. Jh.) wirkten weit über die jüdische Welt hinaus und beeinflussten auch islamische und christliche Denker.

Handel, Geldwirtschaft und der Aufstieg jüdischer Netzwerke

Durch die Einschränkungen in vielen Berufen wurden Juden häufig in bestimmte Tätigkeiten gedrängt – etwa Geldverleih, Handel oder Medizin. Doch gerade auf diesen Gebieten entwickelten sie hohe Expertise.
Im Mittelalter bildeten jüdische Familien transnationale Handelsnetzwerke, die Informationen, Waren und Finanzströme über Kontinente hinweg verbanden – lange bevor es globale Märkte gab.

Im Osmanischen Reich, in Nordafrika und auf der Iberischen Halbinsel vor der Inquisition waren jüdische Ärzte, Übersetzer und Berater wichtige Stützen der Gesellschaft. In Spanien war das sogenannte „Goldene Zeitalter des spanischen Judentums" (10.–12. Jh.) eine Blütephase jüdisch-islamischer Zusammenarbeit in Kunst, Wissenschaft und Theologie.

Aufklärung, Moderne und jüdische Intellektuelle
Mit der jüdischen Aufklärung (Haskala) im 18. Jh. öffnete sich ein neues Kapitel: Jüdische Denker traten nun verstärkt auch als

öffentliche Intellektuelle in die europäische Debatte ein. Namen wie:

Moses Mendelssohn (Philosophie, Toleranz-debatten)
Heinrich Heine (Literatur, Romantik, Gesellschaftskritik)
Sigmund Freud (Psychoanalyse)
Albert Einstein (Physik, Friedensethik)
Franz Kafka (Literatur, Existenzphilosophie)

belegen die enorme geistige Präsenz jüdischer Persönlichkeiten in der europäischen Moderne. Viele von ihnen standen dabei in einem produktiven Spannungsverhältnis zwischen Judentum und europäischer Mehrheitskultur – oft auf der Suche nach Synthese, nicht nach Abgrenzung.

Auch in Politik und Ökonomie leisteten Juden bedeutende Beiträge – als Vordenker, Unternehmer, Sozialreformer, Revolutionäre oder Staatsmänner. In den USA etwa gehörten jüdische Einwanderer zu den entscheidenden Kräften in Bildung, Filmindustrie, Gewerkschaften und Bürgerrechtsbewegung.

Wissenschaftliche Spitzenleistung und kulturelle Resonanz
Juden stellen – gemessen an ihrer Weltbevölkerung – einen außergewöhnlich hohen Anteil an Nobelpreisträgern in Physik, Medizin, Chemie, Wirtschaft und Literatur. Dieser Befund ist kein Zufall, sondern Ergebnis einer jahrhundertelangen Betonung von Bildung, Sprache, Textverständnis und geistigem Ringen.

In Musik, Film und Kunst reichen die Einflüsse von Gustav Mahler bis Leonard Bernstein, von Marc Chagall bis Steven Spielberg. All diese Persönlichkeiten prägten nicht nur die jüdische Kultur – sondern die Kultur der Moderne überhaupt.

Fazit: Eine stille Leistung – oft übersehen
Die Geschichte der jüdischen Diaspora ist nicht nur eine Geschichte von Leid und Überleben – sie ist auch eine Geschichte von Kreativität, Intellekt, ethischem Ernst und kulturellem Einfluss.
Sie zeigt, dass Identität in der Fremde nicht nur erhalten, sondern auch fruchtbar gemacht werden kann – für andere, für viele.

Dieses Licht in der Diaspora bleibt ein wesentlicher Teil des jüdischen Vermächtnisses – und der Weltgeschichte.

Kapitel 6: Das jüdische Volk bleibt bestehen – Warum?

Zeitlicher Rahmen:

Übergreifend: Antike bis Gegenwart (Schwerpunkt: Diaspora-Zeit zwischen 135 n. Chr. und 1948)

Historische Bewertung:

Trotz über 1800 Jahren staatenloser Existenz, trotz Pogromen, Zwangstaufen, Vertreibungen, Ghettos und Verfolgung ist das jüdische Volk nicht untergegangen. Diese Tatsache ist in der Geschichte der Menschheit nahezu einzigartig. Während andere Völker ohne Land und Macht binnen weniger Generationen ihre Identität verloren, bewahrten die Juden ihre Sprache, ihre Riten, ihr Bewusstsein – und ihre Hoffnung. Diese Kontinuität beruht auf mehreren tragenden Säulen: einer klar definierten religiösen Ordnung, einer ausgeprägten Endogamie, einer lebendigen Überlieferungskultur – und einer geistigen Verbundenheit mit Jerusalem, die nie abriss. Der Satz „Am Israel Chai" – „Das Volk Israel lebt" – ist nicht nur eine Bekenntnisformel, sondern ein historisches Wunder.

Die Geschichte der Diaspora, wie wir sie in den vergangenen Kapiteln beschrieben haben, scheint aus heutiger Sicht kaum fassbar: ein Volk ohne Land, über Jahrhunderte von Machtlosen unter Mächtigen beherrscht, verfolgt, entrechtet – und doch bis heute existent. Die meisten Völker, die ihr Staatsgebiet verlieren, ihre Unabhängigkeit aufgeben müssen oder über längere Zeiträume zerstreut werden, verlieren mit der Zeit ihre Sprache, ihre Identität, ihr historisches Bewusstsein. Die Juden nicht.

Warum?

Diese Frage stellt sich nicht nur Historikern. Sie stellt sich auch Philosophen, Soziologen – und nicht zuletzt jenen, die die Geschichte des jüdischen Volkes theologisch deuten. Denn der Fortbestand des Judentums ist weder selbstverständlich noch erklärbar im herkömmlichen soziologischen Rahmen. Er beruht auf einem Bündel einzigartiger Merkmale, die gemeinsam ein stabiles geistiges Fundament bildeten – stärker als jede äußere Macht.

Sprache, Religion, Erinnerung, Endogamie
Vier dieser tragenden Säulen sollen hier besonders hervorgehoben werden:

Religion:
Das Judentum ist nicht bloß ein Glaube, sondern ein umfassender Lebensrahmen. Es regelt nicht nur Gottesdienst und Feiertage, sondern auch Speisegebote, Familienleben, Geschäftsgebaren, Ethik und Alltagspraktiken. Diese dichte Struktur religiöser Vorschriften – die Halacha – schuf ein Lebensumfeld, das nach innen bindend und nach außen abgrenzend wirkte. Inmitten fremder Gesellschaften wurde so ein eigener Raum geschaffen, in dem jüdisches Leben nicht nur überdauerte, sondern täglich neu geformt wurde.

Sprache:
Die hebräische Sprache blieb über die Jahrhunderte hinweg lebendig – wenn auch nicht immer als Alltagssprache, so doch als Sprache des Gebets, der Schrift, der Liturgie. Ob in Babylon, Spanien, Polen oder im Jemen: Juden aller Regionen beteten in derselben Sprache, lasen dieselben Texte, nannten

denselben Gottesnamen. Diese gemeinsame linguistische Grundlage war mehr als Verständigung – sie war Identifikation.

Erinnerung:
Das jüdische Volk verstand sich stets als Teil einer fortlaufenden Geschichte, die in jedem Ritual, jedem Feiertag, jedem Segensspruch gegenwärtig blieb. Die Erinnerung an den Exodus, an den Tempel, an die Zerstörung Jerusalems, an die Propheten und das Gesetz – all das war nicht Vergangenheit, sondern lebendige Gegenwart. Die jüdische Liturgie ist voll von Verweisen auf frühere Generationen, auf göttliche Verheißung und auf die noch ausstehende Vollendung der Geschichte. Diese Erinnerungskultur schuf ein starkes Wir-Bewusstsein – selbst über Kontinente und Jahrhunderte hinweg.

Endogamie:
Ein weiterer Faktor war die weitgehende Heirat innerhalb der eigenen Glaubensgemeinschaft. Diese Praxis – oft aus Schutz, manchmal aus Not, immer aber mit religiöser Begründung – bewahrte über Generationen hinweg eine stabile soziale und kulturelle

Einheit. Sie war kein Ausdruck von Ausgrenzung, sondern von Identitätswahrung – gerade in einer Umgebung, die Assimilation oft als Bedingung für Duldung verlangte.

Sehnsucht nach Jerusalem: Liturgie, Gebet, Feiertage
Was all diese Elemente zusätzlich verband, war die ungebrochene geistige Verbindung zur Heimat – zu Jerusalem. Ob in der Synagoge in Córdoba, in einem Schtetl bei Minsk oder auf einem Basar in Marrakesch – überall sprach man dieselben Worte:

„Nächstes Jahr in Jerusalem.“

Dieser Satz, der am Ende des Pessach-Abends gesprochen wird, ist nicht nur rituelle Formel – er ist Ausdruck einer kollektiven, überzeitlichen Sehnsucht. Er bringt zum Ausdruck, dass das Exil nicht als endgültiger Zustand akzeptiert wurde, sondern als vorübergehender, wenn auch schmerzhafter Teil des göttlichen Plans.
Auch in der Hochzeitssymbolik findet sich diese Erinnerung: Beim Zerschlagen eines Glases erinnert man sich an die Zerstörung

des Tempels – selbst im Moment größter Freude bleibt das Gedächtnis an den Verlust lebendig.

Diese tiefe symbolische Verankerung Jerusalems – als Ort göttlicher Gegenwart, als metaphysisches Zentrum, als Hoffnung auf Rückkehr – war das spirituelle Band, das die vielen jüdischen Gemeinden der Diaspora miteinander verband. Jerusalem war mehr als ein Ort – es war das verlorene Paradies, die Verheißung, die Vollendung.

„Am Israel Chai" – Der ungebrochene Überlebenswille
Der hebräische Ausdruck „Am Israel Chai" – „Das Volk Israel lebt" – ist in gewisser Weise die Zusammenfassung all dessen. Es ist kein politischer Slogan, kein moderner Nationalismus, sondern ein historisches Bekenntnis zu einer Wirklichkeit, die alle Logik übersteigt.

Dass dieses Volk, das so oft totgesagt wurde, nach Jahrhunderten der Entrechtung und Gewalt immer noch existiert, betet, schreibend, erinnernd, hoffend – ist ein Ausdruck einer inneren Kraft, die sich nicht durch

Waffen oder Machtmittel erklären lässt. Der jüdische Überlebenswille ist nicht biologisch oder ideologisch begründet, sondern geistig und spirituell. Er gründet im Glauben an einen Gott, der nicht nur einmal in der Geschichte wirkte, sondern der im Gedächtnis und in der Gegenwart seines Volkes weiterlebt.

In dieser Treue zur eigenen Geschichte, in der Fähigkeit zur Erneuerung ohne Aufgabe der eigenen Identität, liegt das eigentliche „Geheimnis" des jüdischen Überlebens. Und so ist es kein Zufall, dass das jüdische Volk – obwohl verfolgt wie kein anderes – am Ende nicht ausgelöscht wurde, sondern 1948 in seine Heimat zurückkehrte.

Kapitel 7: Der Holocaust – Kulmination des Judenhasses

Die lange Geschichte des Judenhasses in Europa, die im religiösen Antijudaismus wurzelte und sich im 19. Jahrhundert mit rassistischen Konzepten verband, fand in der Zeit des Nationalsozialismus ihre extreme Zuspitzung. Doch was in Jahrhunderten an Vorurteilen, Feindbildern und Ausschlussmechanismen gewachsen war, wurde nun nicht nur toleriert, sondern zum Staatsprogramm gemacht – mit einem Ziel, das sich in aller Klarheit in den Quellen findet: die vollständige Vernichtung der Juden Europas.

Ideologie, Systematik, Ausmaß
Der Nationalsozialismus war von Anfang an durch eine völkisch-rassistische Weltanschauung geprägt. In ihr galten Juden nicht als religiöse Minderheit, sondern als biologisch fremde und schädliche Rasse, die angeblich die Nation von innen zersetzte. Adolf Hitler formulierte diesen Wahn bereits in „Mein Kampf" (1925) – und machte ihn ab 1933 zur offiziellen Ideologie eines ganzen Staates.

Es begann mit Schikanen, Boykotten und Gesetzesänderungen: 1933 wurden jüdische Beamte entlassen, 1935 erklärten die Nürnberger Gesetze Juden zu Bürgern zweiter

Klasse. Der Ausschluss aus Kultur, Bildung und öffentlichem Leben folgte Schritt für Schritt. Die Pogromnacht im November 1938 („Reichskristallnacht") markierte einen weiteren Wendepunkt: Synagogen brannten, jüdische Geschäfte wurden zerstört, Tausende verhaftet – während die Bevölkerung mehrheitlich schwieg.

Mit Beginn des Zweiten Weltkriegs nahm die Gewalt neue Dimensionen an. In den eroberten Gebieten Osteuropas richteten SS- und Einsatzgruppen binnen kurzer Zeit Hunderttausende durch Massenerschießungen hin – etwa in Babi Jar bei Kiew oder in den baltischen Staaten. Parallel dazu wurden Ghettos errichtet – wie in Warschau, Lódz oder Vilnius –, in denen hunderttausende Menschen auf engstem Raum unter elendigen Bedingungen lebten, starben oder zur Zwangsarbeit herangezogen wurden.

Doch all dies war noch nicht das „Endziel" der nationalsozialistischen Vernichtungsmaschinerie. Dieses wurde auf der sogenannten Wannsee-Konferenz im Januar 1942 kodifiziert: die sogenannte „Endlösung der

Judenfrage" – gemeint war: die vollständige physische Vernichtung. Was folgte, war ein logistisches Großverbrechen: Der Bau industrieller Vernichtungslager wie Auschwitz, Treblinka, Sobibor, Majdanek oder Belzec. Millionen wurden deportiert, vergast, verbrannt. Die Tötung wurde rationalisiert, standardisiert, verwaltet – von Beamten, Eisenbahnern, Ingenieuren, Ärzten, Juristen.

Am Ende standen sechs Millionen ermordete Menschen – darunter über eine Million Kinder. Ganze Gemeinden, Kulturen, Sprachen verschwanden. In Osteuropa, dem einstigen Zentrum des jüdischen Lebens, blieben verbrannte Erde und Massengräber zurück. Es war ein Zivilisationsbruch, wie ihn die Menschheit bis dahin nicht gekannt hatte.

Reaktionen der Weltgemeinschaft
Die Reaktionen auf den Holocaust waren ambivalent – teils erschüttert, teils beschämend spät. Zwar gab es frühzeitig Hinweise auf die Gräueltaten, doch erst mit der Befreiung der Lager durch sowjetische, amerikanische und britische Truppen ab 1944/45 wurde das Ausmaß der Verbrechen unbestreitbar. Die

Bilder aus Buchenwald, Bergen-Belsen und Auschwitz brannten sich in das kollektive Gedächtnis der Welt ein.

Und dennoch: Die Mehrzahl der Staaten hatte während des Krieges kaum etwas unternommen, um die Vernichtung zu verhindern. Flüchtlingsboote wurden abgewiesen, jüdische Einwanderer nicht aufgenommen. Der Holocaust war auch ein Versagen der internationalen Solidarität – ein Versagen der Kirchen, der Intellektuellen, der demokratischen Staaten.

Die Nürnberger Prozesse nach dem Krieg stellten einzelne Täter vor Gericht – doch das System als Ganzes, das Netz aus Mitläufern, Profiteuren und Gleichgültigen, blieb weitgehend unbehelligt. In vielen Ländern dauerte es Jahrzehnte, bis eine offene Auseinandersetzung mit der eigenen Rolle im Holocaust begann.

Die Bedeutung der Shoah für das jüdische Selbstverständnis
Für das jüdische Volk bedeutete die Shoah nicht nur einen Verlust an Leben – sondern

an ganzen Lebenswelten. Familien, Traditionen, Sprachen (wie das Jiddische), kulturelle Strömungen – alles wurde ausgelöscht. Die Shoah war nicht nur ein Genozid, sondern ein kultureller Zivilisationsbruch, der das kollektive Selbstverständnis tief erschütterte.

Zugleich entstand daraus eine neue Dimension jüdischer Identität: das Bewusstsein, dass das eigene Überleben nie garantiert ist, dass die Welt jederzeit wieder bereit sein kann, zuzusehen, wenn Juden verfolgt werden. Die Shoah wurde damit – neben der Tora, dem Land Israel und der Geschichte des Exils – zum vierten Pfeiler jüdischer Erinnerung.

Sie ist in der Liturgie, in Museen, in Gedenktagen, in Erziehung und Kultur tief verankert. Jüdische Kinder lernen früh, was Auschwitz war. Die Botschaft lautet: Nie wieder – nicht nur für uns, sondern für alle Menschen.

Und zugleich bleibt eine offene Wunde: die Frage nach dem Warum. Warum hat Gott das zugelassen? Warum hat die Welt geschwiegen? Warum wurden aus Nachbarn Mörder?

Diese Fragen lassen sich nicht beantworten –
aber sie begleiten das jüdische Selbstverständnis bis heute. Vielleicht ist es gerade
diese bleibende Erschütterung, die das Bewusstsein vertieft hat, dass jüdische Existenz
nicht beliebig, nicht selbstverständlich, sondern kostbar ist. Dass sie beschützt, erinnert
und weitergegeben werden muss – auch in
einer Welt, die allzu oft vergisst.

Teil III: Die Rückkehr – Zionismus, Staatsgründung, Gegenwart

Kapitel 8: Der Zionismus – Traum, Idee und politische Bewegung

Zeitlicher Rahmen:

ca. 1860–1948 (Vorgeschichte, ideologische Entstehung u. politische Verankerung des Zionismus)

Historische Bewertung:

Der Zionismus war zunächst eine geistige und politische Antwort auf die Erfahrung des dauerhaften Exils, der wiederholten Verfolgung und der fehlenden nationalen Selbstbestimmung. Als Idee trat er im späten 19. Jahrhundert auf – zunächst unter jüdischen Intellektuellen in Europa, dann als organisierte Bewegung unter Theodor Herzl. Sein Ziel: die Rückkehr in das historische Heimatland und die Gründung eines jüdischen Staates. Die Bewegung war vielstimmig – religiös, säkular, sozialistisch, national –, aber geeint durch das Bewusstsein, dass jüdisches Leben auf Dauer in der Diaspora nicht sicher sein könne. Der Zionismus gewann durch historische Entwicklungen (Pogrome, Dreyfus-Affäre, Balfour-Deklaration, Shoah) zunehmend an Dynamik – und wurde zum zentralen Faktor der späteren Staatsgründung.

Die Sehnsucht nach Rückkehr ins „Land der Väter" war über viele Jahrhunderte hinweg fester Bestandteil jüdischer Liturgie, Symbolik und Identität. Doch sie blieb zunächst spiritueller Ausdruck, nicht politisches Projekt. Erst gegen Ende des 19. Jahrhunderts, in einem Europa, das sich unter dem Eindruck des Nationalismus und des Antisemitismus veränderte, trat die Idee auf, diese Sehnsucht in ein konkretes politisches Ziel zu überführen.

Der Zionismus war – zu seiner Zeit – eine revolutionäre Idee: Er verband die Jahrtausende alte Hoffnung auf Jerusalem mit den politischen Instrumenten der Moderne. Er war Ausdruck eines tiefen Ungenügens am Status quo der Diaspora – und ein Aufbruch in eine selbstbestimmte Zukunft.

Theodor Herzl und der Erste Zionistenkongress (1897)
Die Person, mit der der politische Zionismus untrennbar verbunden ist, ist Theodor Herzl (1860–1904), ein jüdischer Journalist und Schriftsteller aus Wien. Herzl war zunächst kein religiöser Jude, sondern ein europäisch

gebildeter Intellektueller. Doch die antisemitische Atmosphäre im späten 19. Jahrhundert – insbesondere die Dreyfus-Affäre in Frankreich – erschütterte sein Vertrauen in die Assimilationsfähigkeit des Judentums innerhalb der europäischen Nationalstaaten.

Herzl erkannte: Die Juden waren trotz kultureller Integration weiterhin Zielscheibe von Hass und Verachtung. Er kam zu dem Schluss, dass die Lösung nicht in Anpassung, sondern in der Schaffung eines eigenen Staates liegen müsse. In seinem programmatischen Werk Der Judenstaat (1896) schrieb er:

„Die Juden, die wollen, werden ihren Staat haben. Wir sind ein Volk – ein Volk.“

Bereits ein Jahr später, 1897, organisierte Herzl den Ersten Zionistenkongress in Basel. Dort wurde die „Wiedererrichtung einer öffentlich-rechtlich gesicherten Heimstätte für das jüdische Volk in Palästina“ als Ziel formuliert – ein Satz, der in die Geschichte eingehen sollte. Herzl notierte in seinem Tagebuch:

„In Basel habe ich den jüdischen Staat gegründet. Wenn ich das heute laut sagte, würde man mich auslachen. In fünf Jahren vielleicht, in fünfzig gewiss, wird ihn jedermann erkennen."

Dieser Kongress war der Auftakt zur Institutionalisierung des Zionismus: Es entstanden Organisationen, Fonds, Netzwerke – mit dem Ziel, Land zu erwerben, Siedlungen zu gründen, politische Allianzen zu suchen.

Alija-Wellen und jüdische Siedlungen
Bereits vor Herzl hatte es kleine Rückwanderungsbewegungen ins damalige Palästina gegeben, doch ab der Jahrhundertwende nahm die Einwanderung – die sogenannte Alija – planmäßige Formen an. Diese Alija-Wellen waren in mehreren Schüben organisiert und von unterschiedlicher Zusammensetzung:

Die erste Alija (1882–1903) bestand überwiegend aus religiös motivierten, zionistisch gesinnten Juden aus Osteuropa, die in Palästina kleine landwirtschaftliche Siedlungen errichteten.

Die zweite Alija (1904–1914) war stärker geprägt von sozialistischen Idealen: Kibbuzim und Kollektivsiedlungen entstanden, ebenso erste hebräische Schulen.

Weitere Alijot folgten nach dem Ersten Weltkrieg, verstärkt durch Pogrome in Osteuropa und zunehmenden Antisemitismus in Mitteleuropa.

Das Leben in Palästina war hart. Die Infrastruktur war dürftig, das Klima herausfordernd, die politischen Strukturen des Osmanischen Reichs oft instabil. Dennoch entstand Stück für Stück eine neue jüdische Lebensform: hebräischsprachig, gemeinschaftsorientiert, eigenständig. Diese Aufbauarbeit legte das Fundament für eine spätere staatliche Organisation – auch wenn die Mehrheit der jüdischen Weltgemeinschaft weiterhin außerhalb Palästinas lebte.

Balfour-Deklaration, britisches Mandat, Spannungen mit Arabern
Ein entscheidender Moment für die internationale Anerkennung des Zionismus kam während des Ersten Weltkriegs: Im Jahr 1917

veröffentlichte der britische Außenminister Arthur Balfour ein Schreiben, in dem es hieß, die britische Regierung betrachte „mit Wohlwollen die Errichtung einer nationalen Heimstätte für das jüdische Volk in Palästina" (Balfour-Deklaration). Dieses Schreiben, adressiert an Lord Rothschild, wurde später Teil des britischen Völkerbundsmandats für Palästina – und gilt als diplomatischer Meilenstein.

Doch dieser Schritt war von Ambivalenz begleitet. Denn die Briten hatten in der Kriegszeit auch den arabischen Führern der Region vage Selbstbestimmungsrechte zugesichert – insbesondere im Rahmen der Hussein-McMahon-Korrespondenz. Zudem teilten Frankreich und Großbritannien im Sykes-Picot-Abkommen den Nahen Osten unter sich auf. Diese widersprüchlichen Verpflichtungen führten in der Folge zu wachsenden Spannungen.

Mit dem britischen Mandat über Palästina (ab 1920) übernahmen die Briten offiziell die Verwaltung des Gebietes – mit dem Auftrag, die Bedingungen für eine jüdische

Heimstätte zu schaffen, gleichzeitig aber auch die Rechte der arabischen Bevölkerung zu wahren. Diese doppelte Verpflichtung war von Anfang an konfliktträchtig.

Denn parallel zur jüdischen Einwanderung wuchs auch der Widerstand der arabischen Bevölkerung, die sich durch den zunehmenden jüdischen Landkauf, die gesellschaftliche Organisation und die internationale Unterstützung bedroht fühlte. Erste Unruhen brachen aus, es kam zu Massakern an jüdischen Gemeinden – etwa in Hebron (1929) – und zu Gegengewalt. Der arabisch-jüdische Gegensatz, der zuvor nur latent bestanden hatte, wurde nun offen politisch – und legte den Grundstein für einen jahrzehntelangen Konflikt.

Die britische Mandatsmacht stand zunehmend zwischen den Fronten. Ihre Politik schwankte – mal förderte sie jüdische Institutionen, mal bremste sie Einwanderung aus Rücksicht auf die arabischen Proteste. Das Ergebnis war eine wachsende Spannungslage, die schließlich in den späten 1930er Jahren offen eskalierte – und in eine Phase des Aufstands, der Unterdrückung und zunehmender Radikalisierung mündete.

Ausblick:

Vor dem Hintergrund des Holocaust und wachsender internationaler Dringlichkeit begann sich nach 1945 ein neues Kapitel zu öffnen: die unmittelbare Vorbereitung auf die Staatsgründung Israels. Der Traum Herzls, der politische Wille der Zionisten und die existenzielle Notlage der überlebenden Juden fanden in der Zeit nach dem Zweiten Weltkrieg eine gemeinsame Bewegung – hin zur Verwirklichung eines Staates in einer Region, die längst zum Brennpunkt geworden war.

Kapitel 9: Der Weg zur Staatsgründung

Nach dem Ende des Zweiten Weltkriegs war
die Lage der jüdischen Bevölkerung in

Europa katastrophal. Millionen waren ermordet worden, die Überlebenden lebten in Lagern für „Displaced Persons", ohne Heimat, ohne Besitz, oft auch ohne Angehörige. Der Ruf nach einem sicheren Zufluchtsort wurde lauter – und Palästina rückte in das Zentrum der politischen Debatten.

Gleichzeitig wuchs der Druck auf Großbritannien, das Mandatsgebiet Palästina zu verlassen: Jüdische Untergrundorganisationen wie Hagana, Irgun und Lechi verübten Anschläge auf britische Einrichtungen, aus Protest gegen die restriktive Einwanderungspolitik und als Teil eines aktiven Kampfes für die Staatsgründung. Arabische Gruppen forderten derweil ein unabhängiges Palästina ohne jüdischen Staat.

Die politische Lage wurde immer unhaltbarer – und die britische Regierung beschloss, die Frage an die Vereinten Nationen zu übergeben.

Der Teilungsplan der UN von 1947
Am 29. November 1947 stimmte die UN-Generalversammlung über den Vorschlag eines

Teilungsplans ab. Die Resolution 181 sah vor, das Mandatsgebiet Palästina in zwei Staaten zu teilen – einen jüdischen und einen arabischen Staat, bei gleichzeitiger Internationalisierung Jerusalems unter UN-Verwaltung. Die vorgeschlagene Aufteilung war geografisch komplex, mit miteinander verbundenen und voneinander getrennten Gebieten, aber sie enthielt zum ersten Mal in der Geschichte eine völkerrechtlich legitimierte Grundlage für einen jüdischen Staat.

Die Abstimmung fiel mit 33 Ja-Stimmen, 13 Nein-Stimmen und 10 Enthaltungen aus. Die jüdische Seite nahm den Plan an, auch wenn er territoriale Kompromisse erforderte. Die arabischen Staaten und die arabische Bevölkerung Palästinas lehnten den Plan kategorisch ab – sowohl aus politischen, religiösen als auch nationalen Gründen.

Die Ablehnung des Teilungsplans durch die arabische Seite markierte eine entscheidende Zäsur. Statt in Verhandlungen zu treten, kam es in den folgenden Monaten zu zunehmenden Spannungen, Ausschreitungen und gezielten Angriffen – von beiden Seiten.

Der Bürgerkrieg zwischen Juden und Arabern in Palästina begann noch vor dem offiziellen Rückzug der Briten.

Reaktionen jüdischer und arabischer Seite
Für die jüdische Gemeinschaft in Palästina war die Annahme des Teilungsplans ein historischer Durchbruch. Trotz der Aufteilung auf nur rund 55 % des Mandatsgebietes, bei hoher arabischer Bevölkerungsdichte in Teilen des zugesprochenen Landes, überwog die Einsicht: Dies war eine reale Möglichkeit, einen jüdischen Staat zu gründen – etwas, das jahrhundertelang nur eine Hoffnung gewesen war.

Die arabische Seite reagierte mit entschiedener Ablehnung. Sowohl die arabischen Nachbarn als auch die arabischen Führer in Palästina selbst sahen in der Teilung eine Ungerechtigkeit – und lehnten nicht nur den jüdischen Staat, sondern oft auch den arabischen Teilstaat im Rahmen des UN-Plans ab. Ihre Forderung lautete: ganz Palästina als arabisches Gebiet, ohne jüdische Staatlichkeit.

Die Ablehnung mündete in Gewalt. Ab Dezember 1947 kam es zu Übergriffen, Anschlägen, Straßensperren und Gegenangriffen. Der britische Rückzug aus Palästina, der bis zum 15. Mai 1948 abgeschlossen sein sollte, ließ ein Machtvakuum entstehen – das in die Hände der bewaffneten Milizen fiel.

Staatsgründung Israels 1948 – Krieg und Exodus
Am 14. Mai 1948, einen Tag vor dem offiziellen Ende des britischen Mandats, verkündete David Ben-Gurion in Tel Aviv die Unabhängigkeitserklärung des Staates Israel. In nüchternem Ton wurde der neue Staat als Heimstätte für das jüdische Volk deklariert, basierend auf historischen, moralischen und völkerrechtlichen Grundlagen. Die USA erkannten Israel de facto noch am selben Tag an, die Sowjetunion kurz darauf.

Doch keine 24 Stunden später begann der erste arabisch-israelische Krieg: Fünf arabische Staaten – Ägypten, Syrien, Jordanien, Libanon und Irak – griffen das neue Israel an. Ziel war es, die Staatsgründung rückgängig zu machen.

Der Krieg dauerte bis 1949 und endete mit einem überraschenden militärischen Erfolg Israels, das nicht nur die im UN-Teilungsplan vorgesehenen Gebiete hielt, sondern zusätzliche Territorien eroberte – unter anderem Westgaliläa, Teile Jerusalems und das Negev-Gebiet. Die arabischen Angriffe scheiterten.

Mit dem Krieg einher ging jedoch eine Tragödie für die arabische Bevölkerung Palästinas: Rund 700.000 Araber flohen oder wurden aus ihren Heimatorten vertrieben – ein Vorgang, der bis heute als Nakba („Katastrophe") im kollektiven Gedächtnis der Palästinenser präsent ist. Die genaue Ursache und Verantwortung dieser Fluchtbewegung sind bis heute umstritten und Gegenstand intensiver historischer und politischer Auseinandersetzungen.

Viele Flüchtlinge gelangten in benachbarte arabische Länder, wo sie jedoch nicht eingebürgert, sondern in Lagern untergebracht wurden. Die internationale Flüchtlingsfrage blieb ungelöst – und bildete den Keim für zukünftige Konflikte.

Ablehnung der Teilung durch arabische Staaten

Die Entscheidung der arabischen Staaten, den UN-Teilungsplan nicht nur abzulehnen, sondern mit militärischer Gewalt zu beantworten, war historisch folgenreich. Sie führte zur verpassten Chance eines arabisch-palästinensischen Staates, wie ihn die UN vorsah. Stattdessen manifestierte sich ein andauernder Konflikt, der mit dem ersten Krieg 1948 nicht endete, sondern in mehreren weiteren Kriegen (1956, 1967, 1973) und in einer langen Reihe von bewaffneten Auseinandersetzungen, Intifadas und diplomatischen Spannungen fortgesetzt wurde.

Die Ablehnung der Teilung wurde von Teilen der arabischen Welt später als politischer Fehler erkannt – blieb aber über Jahrzehnte offizieller Konsens. Eine Normalisierung des Verhältnisses zu Israel wurde von vielen arabischen Staaten an die Rückkehr der Flüchtlinge oder die Schaffung eines unabhängigen Palästinenserstaates geknüpft.

Exkurs: Rückkehr nach 2000 Jahren – Fragen, Fakten, Perspektiven

Ziel des Kapitels:

Klärung offener Fragen, zum Land Palästina, zur Haltung der arabischen Staaten, zum historischen Recht auf Rückkehr?

1. Was geschah mit dem Land nach der jüdischen Vertreibung im 1. u. 2. Jahrhundert bis zur Rückkehr im 20. Jahrhundert?

Nach der Zerstörung des Zweiten Tempels (70 n. Chr.) und insbesondere nach der Niederschlagung des Bar-Kochba-Aufstands (135 n. Chr.) wurde das jüdische Leben im Land massiv geschwächt. Viele Juden wurden getötet, versklavt oder flohen ins Exil. Die Römer benannten die Provinz Judäa in „Syria Palaestina" um, um jeglichen Bezug zur jüdischen Geschichte zu tilgen – ein Akt politischer Symbolik, der bis heute Nachwirkungen zeigt.

In den folgenden Jahrhunderten wechselten Herrschaften und Bevölkerungen mehrfach:

Byzantinisches Reich (ab 4. Jh.): Das Christentum wurde Staatsreligion, viele jüdische Stätten wurden umgedeutet oder zerstört.

Arabische Kalifate (ab 638): Die Muslime eroberten Jerusalem; der Felsendom wurde gebaut. Juden und Christen lebten unter dem Dhimmi-Status, durften aber – mit Einschränkungen – im Land bleiben.

Kreuzfahrerzeit (1099–1291): Massaker an Juden und Muslimen, Gründung christlicher Königreiche.

Mamluken und Osmanen (ab 13. Jh. bis 1917): Relativ stabile islamische Herrschaft. Das Land war Teil des osmanischen Reichs – strukturell peripher, wirtschaftlich rückständig, dünn besiedelt und landwirtschaftlich teils verödet. Viele Landstriche waren Sumpfgebiete, Steppe oder Geröll.

Die Bevölkerung bestand in dieser Zeit aus einem Mosaik ethnischer und religiöser Gruppen: Araber (Muslime und Christen), Drusen, Armenier, griechisch-orthodoxe Christen — und einer kleinen, aber kontinuierlichen jüdischen Minderheit, die in Städten wie Jerusalem, Hebron, Safed und Tiberias lebte.

Fazit: Das Land wurde von wechselnden Großmächten verwaltet und war jahrhundertelang kein eigenständiges Staatsgebilde. Es bestand keine nationale Identität „Palästinas" im modernen Sinne. Auch die arabische Bevölkerung definierte sich überwiegend religiös oder tribal, nicht national.

2. Warum lehnten die arabischen Staaten die Rückkehr der Juden ab?

Die arabische Ablehnung der jüdischen Rückkehr und insbesondere der Staatsgründung Israels hatte mehrere Ursachen, die sich historisch, kulturell, politisch und religiös überlagern:

a) Politische Kontrolle und Demografie:
Obwohl das osmanische Palästina unterbevölkert war, sahen sich die arabischen Bewohner – und später auch die arabischen Nationalbewegungen – als legitime Nachfolger der osmanischen Herrschaft. Die zunehmende jüdische Einwanderung ab Ende des

19. Jahrhunderts wurde als Gefahr für die arabische Mehrheit und als westlich-europäisches Kolonialprojekt wahrgenommen.

b) Arabischer Nationalismus:

Die Entstehung nationalistischer Bewegungen in der arabischen Welt – insbesondere nach dem Zerfall des Osmanischen Reichs – führte zu einem gesteigerten Bedürfnis nach Selbstbestimmung. Die Vorstellung, dass ein nicht-arabisches Volk inmitten des arabischen Raumes einen eigenen Staat gründen wolle, wurde als Demütigung und Fremdkörper empfunden.

c) Islamische Theologie:

Nach islamischer Lehre gehört ein Land, das einmal unter islamischer Herrschaft stand (Dar al-Islam), auf Dauer zur islamischen Welt. Die Rückkehr der Juden – und mehr noch die Kontrolle über heilige Stätten wie Jerusalem – wurde von vielen als religiöse Provokation empfunden. Auch wenn der Koran das jüdische Volk als „Volk des Buches" anerkennt, war ein souveräner jüdischer Staat im Zentrum der islamischen Welt für viele Theologen unvereinbar mit islamischem Selbstverständnis.

d) Internationale Demütigung:

Die Gründung Israels wurde auch als Folge westlicher Politik (Balfour-Deklaration, UN-Teilungsplan) wahrgenommen – also als erneute Demütigung der arabischen Welt durch europäische Mächte. In der Rückschau wurde der jüdische Staat nicht als Heimstätte eines leidenden Volkes gesehen, sondern als Symbol westlicher Hegemonie.

Fazit: Die Ablehnung Israels war keine bloß politische Reaktion, sondern eine tiefgreifende Identitätskrise – religiös, kulturell, geopolitisch. Sie erklärt, warum der Widerstand nicht nur von Palästinensern, sondern von fast allen arabischen Staaten und vielen islamischen Gruppen getragen wurde.

3. Gibt es ein historisches Recht auf das Land? Eine Betrachtung der Argumente.

Die Frage nach einem „Recht auf das Land" ist komplex und hochgradig umstritten. Sie lässt sich weder ausschließlich juristisch noch historisch lösen – und genau deshalb gehen die Meinungen weltweit weit auseinander.

a) Gegen eine historische Besitzlogik spricht:

Geschichtliche Besitzketten sind unendlich rückführbar. Völker wurden seit jeher verdrängt, vermischt, aufgelöst.

Würde man allen ethnischen Gruppen erlauben, historische Rückkehrrechte geltend zu machen, käme es zu globalen Konflikten ohne Ende: Azteken in Mexiko, Germanen in Schlesien, Uiguren, Armenier, Kurden – jede Gruppe hätte irgendwo Ansprüche.

Auch die lange Abwesenheit der Juden aus dem Land wird von Kritikern als Argument gegen ein exklusives Rückkehrrecht angeführt.

b) Für die Gründung Israels spricht:

Die Juden haben niemals ihre kollektive Verbindung zum Land aufgegeben – weder in Religion, Gebet noch Erinnerung. Diese geistige Kontinuität ist historisch einmalig.

Die Shoah zeigte auf dramatische Weise, dass es keinen sicheren Ort für Juden in der

Welt gab – auch nicht in der „zivilisierten" westlichen Moderne. Aus diesem Leidenshintergrund ergab sich die Forderung: „Nie wieder ohne Schutz!"

Das Gebiet war kein souveräner Nationalstaat vor 1948 – die Neuschaffung eines Staates Israel bedeutete nicht die Enteignung eines bestehenden Staates, sondern den Aufbau auf Grundlage des UN-Beschlusses.

c) Ein Kompromiss in der Bewertung könnte lauten:

Israel ist kein Staat mit „historischem Besitzrecht", sondern ein Staat, der aus historischer Notwendigkeit und moralischer Dringlichkeit geschaffen wurde.

Seine Legitimität gründet sich nicht auf „Rückgaberecht", sondern auf Selbstbestimmung eines verfolgten Volkes, politisch abgesichert durch internationale Entscheidung (UN), historisch motiviert durch die Shoah, praktisch umgesetzt durch Aufbauarbeit und Verteidigung.

Fazit:

Man kann – aus guten Gründen – für oder gegen die Gründung Israels argumentieren. Doch die Frage nach Recht oder Unrecht wird sich nicht rein historisch klären lassen. Vielmehr zeigt sich: Die Existenz Israels ist Realität. Die Herausforderung besteht heute darin, diese Realität friedlich, gerecht und völkerrechtlich gesichert in ein kooperatives Miteinander mit den arabischen Nachbarn zu überführen.

Kapitel 10: Der junge Staat Israel – Aufbau, Kriege und Friedensbemühungen

Zeitlicher Rahmen:

1948–heutige Zeit (mit Schwerpunkt auf 1948–2000)

Historische Bewertung:

Nach der Gründung Israels 1948 stand der junge Staat vor immensen Herausforderungen: Schutz seiner Grenzen, Aufnahme hunderttausender jüdischer Flüchtlinge, Aufbau staatlicher Institutionen – und gleichzeitig militärische Abwehrkämpfe gegen eine feindlich gesinnte arabische Welt. Die folgenden Jahrzehnte waren geprägt von vier großen Kriegen, mehreren Versöhnungsinitiativen, aber auch immer wieder von Rückschlägen und Gewalteskalationen im Inneren wie im Grenzgebiet. Dennoch gelang es Israel, nicht nur zu überleben, sondern sich wirtschaftlich, politisch und technologisch als stabile Demokratie im Nahen Osten zu etablieren – allerdings unter fortwährender sicherheitspolitischer Bedrohung.

1. Der Aufbau des Staates (1948–1956)

Die unmittelbare Zeit nach der Staatsgründung war ein Kraftakt historischer Dimension. Innerhalb weniger Jahre nahm Israel mehr als 700.000 jüdische Flüchtlinge aus arabischen Ländern auf – zusätzlich zu den Holocaust-Überlebenden aus Europa. Viele kamen mittellos, entwurzelt und in seelisch desolatem Zustand. Es entstanden Notunterkünfte (Maʿabarot), oft in Zelten oder Barackenlagern. Die soziale Integration war mühsam – und oft von Spannungen zwischen aschkenasischen (europäischen) und sefardischen (orientalischen) Juden begleitet.

Gleichzeitig mussten zentrale Institutionen aufgebaut werden: Regierung, Verwaltung, Justiz, Bildungssystem, Gesundheitswesen – alles unter schwierigen Bedingungen und mit begrenzten Mitteln. Auch die Landwirtschaft wurde modernisiert, Negev-Wüsten erschlossen, Kibbuzim und Moshavim als gemeinschaftliche Siedlungsformen ausgebaut.

Militärisch wurde die IDF (Israel Defense Forces) aus Milizen wie der Haganah, Irgun und Lechi konsolidiert. Trotz internationaler Isolation in den ersten Jahren schaffte es Israel, eine tragfähige Armee aufzubauen, die von Anfang an einsatzbereit sein musste.

2. Die arabisch-israelischen Kriege

Der Unabhängigkeitskrieg (1948/49)
Unmittelbar nach der Staatsgründung griffen Ägypten, Syrien, Jordanien, Libanon und Irak den jungen Staat an. Ziel war es, die Teilung Palästinas rückgängig zu machen. Israel verteidigte sich erfolgreich, dehnte sogar sein Territorium aus (u. a. Westgaliläa, Negev) und behauptete seine Unabhängigkeit. Die arabische Seite erlitt eine schwere Niederlage. Rund 700.000 Palästinenser flohen oder wurden vertrieben – ein Ereignis, das als Nakba (Katastrophe) ins arabische kollektive Gedächtnis einging.

Sueskrise (1956)
Nach der Verstaatlichung des Suezkanals durch Ägypten unter Präsident Nasser verbündete sich Israel mit Großbritannien und Frankreich. Ziel war die Rückeroberung des Kanals und die Sicherung der Schifffahrts-

routen. Israel eroberte die Sinai-Halbinsel, zog sich aber unter internationalem Druck (v. a. USA und Sowjetunion) wieder zurück. Der militärische Erfolg blieb somit ohne dauerhafte politische Wirkung.

Der Sechstagekrieg (1967)
Eine akute Bedrohung durch die Mobilisierung arabischer Truppen (v. a. Ägypten, Syrien, Jordanien) führte zu einem israelischen Präventivschlag. Innerhalb von sechs Tagen besetzte Israel:

Sinai (Ägypten)
Gazastreifen
Westjordanland (Jordanien)
Ostjerusalem
Golanhöhen (Syrien)

Dieser Krieg veränderte die geopolitische Lage radikal – und schuf die Grundlage für den bis heute andauernden Konflikt um Besatzung, Rückzugsforderungen und palästinensische Selbstbestimmung.

Jom-Kippur-Krieg (1973)

Ägypten und Syrien begannen am höchsten jüdischen Feiertag (Jom Kippur) einen Überraschungsangriff. Israel wurde in den ersten Tagen zurückgedrängt, konnte jedoch mit schweren Verlusten kontern. Der Krieg endete militärisch unentschieden, aber politisch mit einem Prestigegewinn für die arabische Seite, da Israel verwundbar schien.

3. Friedensverträge und diplomatische Durchbrüche

Ägypten (1979)
Unter US-Vermittlung (Camp David) schlossen Ägypten und Israel einen historischen Friedensvertrag. Israel gab den Sinai vollständig zurück, und Ägypten wurde der erste arabische Staat, der Israel offiziell anerkannte. Präsident Sadat wurde dafür in der arabischen Welt massiv kritisiert und 1981 ermordet.

Jordanien (1994)
Auch Jordanien schloss einen Friedensvertrag mit Israel – beidseitige diplomatische Anerkennung und Zusammenarbeit folgten.

König Hussein galt als pragmatisch und stabi-
litätsorientiert.

Fazit: Trotz punktueller Friedensfortschritte
blieb die Situation instabil, da die Palästinenserfrage ungelöst war – und viele arabische
Staaten Israel weiterhin nicht anerkannten.

4. Intifadas, Oslo-Prozess und Gaza-Konflikt

Erste Intifada (1987–1993)
Ein Volksaufstand in den besetzten Gebieten
– getragen von Jugendlichen, Zivilisten, teilweise auch religiösen Gruppen – richtete sich
gegen israelische Militärpräsenz und Sied-
lungspolitik. Bilder von Steine werfenden Jugendlichen gegen Panzer gingen um die Welt
und prägten die Wahrnehmung des Konflikts
neu.

Oslo-Prozess (1993–1995)
Geheimverhandlungen führten zu einem historischen Handschlag zwischen Yitzhak Rabin
und Jassir Arafat. Ziel: Zwei-Staaten-Lösung.
Die Palästinensische Autonomiebehörde
wurde gegründet. Hoffnung auf Frieden –
aber auch heftige innenpolitische

Kontroversen, besonders auf israelischer Seite. Rabin wurde 1995 von einem jüdischen Extremisten ermordet.

Zweite Intifada (2000–2005)
Nach dem Scheitern weiterer Verhandlungen (Camp David II) und dem Besuch Ariel Sharons auf dem Tempelberg kam es zu einer neuen Gewaltwelle mit Anschlägen, Selbstmordattentaten und massiven Militäraktionen. Der Oslo-Prozess kam zum Erliegen.

Gaza-Konflikt
2005 zog sich Israel aus dem Gazastreifen zurück. Die islamistische Hamas übernahm dort 2007 die Macht. Seither kam es zu mehreren bewaffneten Auseinandersetzungen (2008, 2012, 2014, 2021), Raketenbeschuss, Luftangriffen, Blockadepolitik und humanitären Krisen. Der Gazastreifen gilt heute als einer der brenzligsten Brennpunkte des Nahostkonflikts.

Gesamteinschätzung:

Der Staat Israel hat in wenigen Jahrzehnten exemplarische Leistungen in Aufbau,

Integration, Verteidigung und Diplomatie vollbracht – unter ständiger Bedrohung und oft gegen die Mehrheitsmeinung der Region. Gleichzeitig blieb der Nahostkonflikt ein nicht gelöster Konflikt, der sich durch Gewalt, Misstrauen, gescheiterte Friedensversuche und religiös-politische Ideologisierung immer wieder neu entzündet.

Der Weg zu einem dauerhaften Frieden – zwischen Israel und den Palästinensern wie auch zwischen Israel und seinen Nachbarn – bleibt bis heute offen.

Kapitel 11: Die palästinensische Frage – Wurzeln eines ungelösten Konflikts

Ziel dieses Kapitels:

Die sogenannte „Palästinenserfrage" zählt zu den am meisten diskutierten, emotionalisierten und politisierten Konflikten unserer Zeit. Oft steht sie im Zentrum internationaler Auseinandersetzungen, Proteste und medialer Debatten. Doch was genau verbirgt sich hinter diesem Begriff? Wie ist diese Frage historisch entstanden? Wer sind die Palästinenser – und was sind die Ursachen und Perspektiven ihrer Forderungen?

Dieses Kapitel versucht, die Komplexität der Palästinenserfrage analytisch und faktenbasiert darzustellen – ohne moralische Wertung, ohne Parteinahme, ohne ideologischen Filter. Es geht um Geschichte, Demografie, Ideologien, Strukturen und Machtverhältnisse – als Grundlage für ein tieferes Verstehen.

1. Wer sind die Palästinenser?

Der Begriff „Palästinenser" war vor dem 20. Jahrhundert kein eigenständiger ethnischer oder politischer Begriff. Unter der osmanischen Herrschaft (1516–1917) lebten in der Region Palästina verschiedenste Gruppen: arabische Muslime, Christen, Juden, Drusen und weitere Minderheiten. Der Begriff „Palästina" selbst war eine römische Konstruktion (Syria Palaestina) und wurde unter den Briten zum Mandatsbegriff.

Erst im 20. Jahrhundert, insbesondere nach der Gründung des Staates Israel 1948, entwickelte sich allmählich eine palästinensische Nationalidentität – vor allem als Reaktion auf den Zionismus und die damit verbundenen politischen Veränderungen.

Heute bezeichnen sich als Palästinenser:

Die arabischen Bewohner des historischen Palästina, insbesondere aus Gebieten, die heute Israel, das Westjordanland und Gaza umfassen

Die Nachkommen derjenigen, die 1948 und 1967 als Flüchtlinge in Nachbarländer flohen

Teile der arabischen Bevölkerung innerhalb Israels mit israelischer Staatsbürgerschaft, die sich kulturell-palästinensisch definieren

2. Die „Flüchtlingsfrage" und die UNRWA

Ein zentrales Thema in der Palästinenserfrage ist der Flüchtlingsstatus. Nach der israelischen Staatsgründung 1948 verließen – freiwillig oder unter Zwang – etwa 700.000 arabische Einwohner ihre Heimatorte. Sie wurden in den umliegenden arabischen Staaten (v. a. Libanon, Jordanien, Syrien, Ägypten) aufgenommen, jedoch nicht eingebürgert. Stattdessen gründeten die Vereinten Nationen eine eigene Organisation, die UNRWA (United Nations Relief and Works Agency), speziell zur Betreuung dieser Gruppe.

Bemerkenswert ist: Nur palästinensische Flüchtlinge geben ihren Status durch Vererbung weiter – mittlerweile sind daraus über fünf Millionen registrierte Flüchtlinge geworden. Diese Einzigartigkeit hat zu massiver Kritik geführt, da der Flüchtlingsstatus so institutionalisiert und politisiert wurde.

Zudem ist die Rückkehrforderung („Right of Return") politisch umstritten: Viele arabische Staaten und palästinensische Organisationen fordern, dass alle „Flüchtlinge" und ihre Nachkommen nach Israel zurückkehren dürfen – was de facto das Ende des jüdischen Staates in seiner heutigen Form bedeuten würde. Israel lehnt dies ab.

3. PLO, Fatah, Hamas – Strömungen und Ideologien

Die politische Landschaft der Palästinenser ist vielschichtig, zersplittert und von ideologischen Gegensätzen geprägt:

PLO (Palästinensische Befreiungsorganisation)
Gegründet 1964 mit dem Ziel der „Befreiung Palästinas". Lange Zeit marxistisch orientiert, später pragmatischer.
Internationale Anerkennung durch den Oslo-Prozess. Führende Partei: Fatah (säkular, nationalistisch), vormals unter Yassir Arafat, heute unter Mahmud Abbas.

Hamas (Islamische Widerstandsbewegung)

Gegründet 1987 während der Ersten Intifada. Ideologisch-islamistisch, mit Verbindungen zur Muslimbruderschaft. Ziel: Zerstörung Israels, Aufbau eines islamischen Staates auf dem ganzen „palästinensischem Boden".
Seit 2007 de-facto-Herrscher im Gazastreifen. Terroranschläge, Raketenangriffe und Tunnelkrieg prägen ihre Strategie.

Weitere Gruppen:
– Islamischer Dschihad (extremistisch, radikal-islamisch)
– Volksfront zur Befreiung Palästinas (PFLP) (marxistisch, säkular)

Die politische Spaltung zwischen der Fatah (Westjordanland) und der Hamas (Gaza) verhindert seit Jahren eine einheitliche palästinensische Strategie – und erschwert internationale Verhandlungen erheblich.

4. Westjordanland und Gaza – Zwei Realitäten

Nach dem Oslo-Prozess verwaltet die Palästinensische Autonomiebehörde (PA) unter

Fatah große Teile des Westjordanlands. Dort herrscht ein gewisses Maß an Kooperation mit Israel (v. a. in Sicherheitsfragen), aber auch Misstrauen, Frustration und gelegentliche Unruhen.

Im Gegensatz dazu steht der Gazastreifen, wo die Hamas 2007 gewaltsam die Kontrolle übernahm. Seitdem gibt es dort:

keine freien Wahlen
keine Meinungsfreiheit
permanente Konfrontation mit Israel durch Raketenangriffe und Tunneloperationen
eine dramatische humanitäre Lage, für die sich beide Seiten gegenseitig verantwortlich machen

Israel und Ägypten blockieren den Gazastreifen teilweise, um Waffenlieferungen an die Hamas zu verhindern – was jedoch auch die Zivilbevölkerung betrifft. Die Hamas wiederum nutzt zivile Infrastruktur systematisch zu militärischen Zwecken, was gezielte Gegenmaßnahmen Israels erschwert.

5. Propaganda, Opferstatus und Zahlenspiele

Die Palästinenserfrage ist weltweit hoch emotionalisiert. Häufig stehen dabei Zivilopfer im Vordergrund, was ein legitimes humanitäres Anliegen darstellt – jedoch oft ohne Kontext präsentiert wird:

Zivilisten als menschliche Schutzschilde: Die Hamas baut Waffenlager in Krankenhäusern, feuert Raketen aus Wohngebieten

Kindersoldaten, Opferbilder: In sozialen Medien werden gezielt Bilder toter Kinder verbreitet, um Israel als Aggressor zu diskreditieren

Tote werden gezählt – aber nicht unterschieden: Ob es sich um Kombattanten oder Zivilisten handelt, wird häufig verschleiert

Zudem gibt es keine neutrale, unabhängige Erhebung von Opferzahlen in Krisenzeiten – die meisten Daten stammen von Gesundheitsministerien in Gaza, also de facto von der Hamas selbst.

6. Fazit: Eine Frage ohne einfache Antwort

Die palästinensische Frage ist nicht nur eine politische, sondern auch eine identitätsstiftende. Sie ist über Jahrzehnte hinweg zu einem Symbol globaler Gerechtigkeitspolitik geworden – besonders in westlichen akademischen und aktivistischen Kreisen. Häufig wird dabei jedoch der historische und ideologische Kontext ignoriert.

Fakt ist:

Die Palästinenser hatten seit 1947 mehrfach die Chance, einen eigenen Staat zu gründen – sie lehnten stets ab.

Die politische Spaltung verhindert bis heute eine einheitliche Vertretung.

Die Instrumentalisierung des Flüchtlingsstatus lähmt jede realistische Lösung.

Die Dämonisierung Israels ersetzt vielerorts die ernsthafte Auseinandersetzung mit der inneren Problematik der palästinensischen Führung.

Kapitel 12: Gaza, Hamas und der neue Nahostkonflikt

Ziel dieses Kapitels:

Der Gazastreifen ist seit Jahrzehnten ein Brennpunkt des Nahostkonflikts – politisch, ideologisch, militärisch und medial. Dieses Kapitel zeichnet die zentralen Entwicklungen nach: vom israelischen Rückzug über die Machtergreifung durch die Hamas bis hin zu Raketenangriffen, Vergeltungsschlägen und einem Krieg der Bilder. Im Zentrum steht der Angriff vom 7. Oktober 2023 – ein Schockereignis, das tiefer blicken lässt als jede Statistik.

Es geht dabei nicht um Schuldzuweisung, sondern um Verstehen: Was sind die Strukturen, Motive und Mechanismen, die diese Eskalation möglich gemacht haben? Und wie verändert sich dadurch die Wahrnehmung des Konflikts – weltweit, auch im Westen?

1. Der Gazastreifen – Geografie, Demografie, Geschichte

Der Gazastreifen ist ein schmaler Küstenstreifen an der Mittelmeerküste, etwa 40 km lang und 10 km breit. Er grenzt im Norden und Osten an Israel, im Süden an Ägypten.

Einwohnerzahl: ca. 2,2 Millionen (Stand 2023)

Eine der höchsten Bevölkerungsdichten der Welt

Überwiegend arabisch-muslimische Bevölkerung

Hoher Anteil an Menschen mit Flüchtlingsstatus (nach UNRWA-Kriterien)

Nach dem Sechstagekrieg 1967 stand Gaza unter israelischer Kontrolle. Im Jahr 2005 beschloss Israel einseitig den kompletten Rückzug aus dem Gebiet – inklusive Räumung aller Siedlungen. Damit begann eine neue Phase.

2. Die Machtergreifung der Hamas (2006–2007)

2006 fanden im Gazastreifen Parlamentswahlen statt. Die islamistische Hamas gewann überraschend gegen die gemäßigtere Fatah. Es folgten:

Interne Machtkämpfe
Eskalation der Gewalt

2007: Hamas übernimmt mit Waffengewalt die vollständige Kontrolle über Gaza

Seitdem ist der Gazastreifen de facto ein islamistisches Einparteienregime, in dem:

Keine freien Wahlen stattfinden
Politische Gegner verfolgt werden
Presse- und Meinungsfreiheit stark eingeschränkt sind
Der bewaffnete Kampf gegen Israel zur Staatsdoktrin erhoben wurde
Die Hamas bezieht Unterstützung aus dem Iran, Katar und anderen Ländern. Ihre Charta (1988) strebte die vollständige Zerstörung Israels an; spätere Anpassungen milderten den Ton, aber nicht das Ziel.

3. Krieg aus dem Untergrund – Tunnelsysteme und Raketen

Die Hamas entwickelte im Laufe der Jahre eine umfassende Kriegsstrategie:

Raketenangriffe auf israelische Städte – oft wahllos, aus Wohngebieten abgefeuert
Tunnelnetzwerke unter Gaza und bis nach Israel hinein – zum Schmuggeln, Kämpfen, Entführen
Menschen als Schutzschilde – Waffenlager in Moscheen, Krankenhäusern, Schulen

Israel reagierte mit:

Luftangriffen auf militärische Ziele (gezielt, aber oft mit Kollateralschäden)
Bau des Raketenabwehrsystems Iron Dome
Teilblockade Gazas (gemeinsam mit Ägypten), um Waffenlieferungen zu verhindern

Das Resultat: ein asymmetrischer Krieg, in dem militärische Logik auf mediale Inszenierung trifft.

4. Exkurs: Der 7. Oktober 2023 – Der Tag, der alles veränderte

Am frühen Morgen des 7. Oktober 2023 begann ein koordiniert geplanter, brutaler Überfall der Hamas auf Israel:

Etwa 3.000 Hamas-Terroristen durchbrachen den Grenzzaun
Massaker an Zivilisten in über 20 israelischen Ortschaften
Morde an Babys, Frauen, Senioren – vielfach dokumentiert
Massenvergewaltigungen, Verstümmelungen
Über 1.200 Tote auf israelischer Seite – die höchste Opferzahl seit der Staatsgründung
Mehr als 240 Geiseln wurden nach Gaza verschleppt – darunter Frauen, Kinder, alte Menschen

Die Symbolik war eindeutig: Es ging nicht um Territorium, sondern um Terror. Die Brutalität erinnerte viele an den IS – auch innerhalb Israels selbst sprach man vom „schlimmsten Pogrom seit der Schoah".

Israel reagierte mit einer großangelegten militärischen Offensive gegen die Hamas, insbesondere im nördlichen Gaza. Ziel: Zerstörung der Kommandozentralen, Ausschaltung der Führungsstruktur, Befreiung der Geiseln.

5. Die mediale Weltreaktion – ein doppelter Schock

Die westliche Reaktion war gespalten:

Viele Regierungen (USA, Deutschland, Frankreich) solidarisierten sich zunächst mit Israel

Doch bereits wenige Tage später rückten die zivilen Opfer in Gaza in den medialen Vordergrund

Die Hamas präsentierte Bilder getöteter Kinder, zerstörter Häuser – Israel geriet in die Defensive

Pro-palästinensische Demonstrationen in westlichen Großstädten nahmen zu, teils offen antisemitisch

Besonders auffällig war die Reaktion an westlichen Universitäten, etwa in den USA oder Großbritannien:

Studentenorganisationen rechtfertigten den Angriff vom 7. Oktober als „antikolonialen Widerstand"

Universitätsleitungen reagierten spät oder gar nicht

Jüdische Studierende wurden bedroht, isoliert, angegriffen

Dieser weltweite Bruch offenbarte eine tiefgreifende ideologische Spaltung:

Auf der einen Seite: Verteidigung Israels als westlich-demokratischer Staat

Auf der anderen Seite: Identifikation mit den Palästinensern als „Opferstruktur" – losgelöst von Fakten

6. Gaza als Brennglas – Was offenbart sich hier?

Der Gazastreifen zeigt in konzentrierter Form die Grundstruktur des Nahostkonflikts:

Ein Gebiet ohne Zukunftsperspektive, beherrscht von einer religiös-ideologisch motivierten Bewegung

Eine Zivilbevölkerung, die zugleich Opfer und Geisel dieser Machtverhältnisse ist

Ein internationaler Diskurs, der zunehmend auf Narrative statt Fakten setzt

Ein Westen, der sich seiner eigenen Werte nicht mehr sicher ist – und deshalb Orientierung verliert

Was sich in Gaza abspielt, ist kein klassischer Territorialkonflikt mehr. Es ist ein Konflikt der Weltanschauungen: zwischen pluralistischer Demokratie und religiös-ideologischer Radikalisierung – zwischen westlichem Selbstzweifel und moralischer Eindeutigkeit.

Exkurs: Der Iran-Israel-Konflikt 2025 – Prävention oder Eskalation?

Zeitlicher Rahmen:

Ab Mai/Juni 2025 – im Anschluss an den Krieg gegen die Hamas im Gazastreifen eskaliert der schwelende Konflikt zwischen Israel und dem Iran. In mehreren Wellen von Luftangriffen attackiert Israel iranische Einrichtungen, darunter mutmaßliche Atomanlagen, Militärstützpunkte und Infrastrukturelemente. Der Iran antwortet mit Raketen- und Drohnenangriffen, insbesondere auf zivile Ziele in israelischen Städten. Auch der Libanon war zuvor Ziel israelischer Interventionen, insbesondere gegen die Hisbollah.

Historische Bewertung:

Dieser Konflikt markiert eine neue Phase in der israelischen Sicherheitsdoktrin – von der Verteidigung gegen nichtstaatliche Akteure wie Hamas oder Hisbollah hin zu direkten militärischen Konfrontationen mit einem souveränen Staat. Dabei überschneiden sich alte Linien (Schiiten gegen Sunniten, Islamismus gegen westliche Demokratie, Israel gegen Antizionismus) mit neuen Risiken: Atomwaffen, regionale Dominanz, internationale Polarisierung.

Nach Jahren wachsender Spannungen, insbesondere um das iranische Atomprogramm, entschließt sich Israel im Frühjahr 2025 offenbar zu einem Präventivschlag. Mehrere israelische Operationen richten sich gegen militärische und nukleare Ziele im Iran – darunter Forschungszentren, unterirdische Anlagen sowie strategische Führungsinfrastruktur.

Im Gegenzug feuert der Iran hunderte Raketen und Drohnen auf israelische Städte ab – auch zivile Ziele wie Krankenhäuser und Schulen werden getroffen. Die israelische Luftabwehr kann viele Geschosse abfangen, doch Opfer lassen sich nicht vermeiden.

Parallel dazu hatte Israel zuvor im Libanon massive Angriffe gegen die Hisbollah geführt, die letztlich zum Sturz der proiranischen Regierung in Beirut führten. Eine neue Führung mit islamischer Prägung übernahm die Regierungsgeschäfte – unter offenkundigem Einfluss Israels.

Inmitten dieses sich ausweitenden Konflikts stehen internationale Akteure vor einer schwierigen Positionierung. Die USA unterstützen Israel militärisch, zögern aber bisher

(19.06.2025) mit direktem Eingreifen. Europäische Staaten rufen zur Zurückhaltung auf. Russland und China verfolgen die Entwicklung mit strategischem Interesse, ohne klar Position zu beziehen.

Die Ambivalenz der Lage:
Auf der einen Seite steht Israels Sicherheitsbedürfnis: Der Iran hat wiederholt zur Vernichtung des jüdischen Staates aufgerufen und finanziert sowie bewaffnet Terrororganisationen wie Hamas und Hisbollah. Israels Argument lautet: Wer verhindern will, dass ein zweiter Holocaust geschieht, darf nicht abwarten, bis die Bedrohung Realität wird.

Auf der anderen Seite stehen Fragen nach Völkerrecht, Verhältnismäßigkeit und politischer Zielsetzung:

Darf ein Staat präventiv einen anderen angreifen?

Wo liegt die Grenze zwischen Selbstverteidigung und militärischer Dominanzpolitik?

Ist ein Regimewechsel in einem fremden Staat durch äußeren Druck legitim – selbst wenn es um einen erklärten Feind geht?

Ausblick:
Wie dieser Konflikt enden wird, ist gegenwärtig ungewiss. Möglich sind ein begrenzter Schlagabtausch, ein anhaltender Stellvertreterkrieg – oder eine umfassende regionale Eskalation. Unabhängig vom Ausgang zeigt sich bereits jetzt: Der Konflikt zwischen Israel und dem Iran stellt nicht nur eine regionale Auseinandersetzung dar, sondern ist ein Kristallisationspunkt geopolitischer und ideologischer Weltordnungsfragen.

Fazit:
Dieser neue Krieg eröffnet keine einfachen Urteile. Er fordert uns heraus, jenseits einfacher Lagerbildungen zu denken. Israels Sicherheitsbedürfnis ist real. Doch ebenso real sind die humanitären Risiken, die völkerrechtlichen Grauzonen und die Gefahr eines sich ausweitenden Flächenbrandes.
In dieser Ambivalenz liegt die eigentliche Herausforderung: Verstehen, ohne vorschnell zu urteilen.

Kapitel 13: Zwei Narrative – Zwei Wirklichkeiten

1. Israels Selbstbild: Wehrhaftigkeit und moralischer Anspruch

Israel versteht sich als demokratischer, pluralistischer Staat, dessen Existenzgrundlage das historische Schicksal des jüdischen Volkes ist. Das prägt sein Selbstverständnis:

„Nie wieder": Die Shoah ist nicht nur historische Erfahrung, sondern Gegenwart in der Erinnerung. Der Schutz jüdischen Lebens ist Staatsraison.

Wehrhaftigkeit als moralische Notwendigkeit: Israel sieht sich als von Feinden umgeben und daher gezwungen, militärisch stark und wachsam zu sein.

Pluralismus und Rechtsstaatlichkeit: Israel versteht sich als einzige Demokratie im Nahen Osten. Meinungsfreiheit, unabhängige Justiz und politische Wahlen sind selbstverständlich.

Integrationsanspruch: Rund 20 % der Bevölkerung sind arabisch – mit vollen Bürgerrechten. Auch Christen, Drusen, Bahai, Samaritaner und viele weitere Gruppen leben in Israel.

Typische Symbole des Selbstverständnisses:

Die Kippa-Soldaten: religiöse Wehrhaftigkeit
Die Holocaust-Gedenkstätten (z. B. Yad Vashem)

Die israelische Flagge mit dem Davidstern: Verbindung von Religion, Geschichte und Staat
Der Iron Dome: Technik als Lebensschutz

2. Arabisch-palästinensisches Narrativ: Besatzung, Enteignung, Widerstand

Die palästinensisch-arabische Seite sieht sich überwiegend als kolonisiertes, entrechtetes Volk, das durch Vertreibung und Unterdrückung zur Gewalt gezwungen wurde. Zentrale Elemente:

Nakba (Katastrophe): Die Staatsgründung Israels 1948 wird als nationale Katastrophe empfunden, die zur Flucht und Vertreibung Hunderttausender führte.

Narrativ der Enteignung: Israel erscheint als westlich unterstütztes Projekt, das arabisches Land raubte.

Widerstand als Recht: Die „Intifada", der Aufstand, wird oft als moralisch gerechtfertigter Kampf gegen Besatzung verstanden.

Islamisches Element: Für viele Muslime ist die Kontrolle über das historische Palästina auch eine religiöse Frage: Al-Aqsa als Symbol. Der jüdische Staat gilt manchen als Anomalie in „dar al-Islam" (Haus des Islam).

Typische Symbole und Begriffe:

Schlüssel der Rückkehr: Erinnerung an verlorene Häuser
Bilder von getöteten Kindern und Zerstörung
Karikaturen mit Davidstern, Stacheldraht, Waffen
Begriffe wie „zionistisches Gebilde" oder „Apartheidstaat"

3. Unterschiedliche Erziehung und Erinnerungskultur

In Israel:
Holocaust-Erziehung ab der Grundschule
Gedenktage wie Yom HaShoah und Yom HaZikaron
Wehrdienst als Pflicht und Identitätsstiftung
Demokratische Streitkultur und Medienpluralismus

In palästinensischen Gebieten (je nach Region):

Schulbücher mit Heldennarrativen über Märtyrer

Darstellung Israels oft ohne Existenzrecht

Begriffe wie „zionistische Entität" statt „Israel"

Kinderkleidung mit Waffensymbolik (z. B. in Hamas-kontrollierten Schulen)

„Märtyrertum" als Idealfigur

Diese kulturellen Unterschiede prägen das Denken ganzer Generationen – und erschweren den Dialog erheblich.

4. Der Westen als Resonanzraum – Ideologische Fronten

In westlichen Gesellschaften, besonders an Universitäten und in NGOs, hat sich ein postkoloniales Deutungsmuster etabliert:

Israel wird als „Besatzungsmacht", als „weißer Kolonialstaat" dargestellt

Palästinenser erscheinen als „unterdrücktes, nicht-weißes Volk" – analog zu Rassismus-, Gender- oder Klassenfragen

Linke Universitätsmilieus arbeiten mit Begriffen wie:

Intersectionality (Verbindung verschiedener Unterdrückungserfahrungen)
Critical Whiteness (Israels Nähe zum „Westen" wird negativ gewertet)
Anti-Zionism = Anti-Racism (Verkehrung der Realität)

Diese Haltung ignoriert oft:

Die jüdische Erfahrung von Vertreibung, Pogromen, Shoah
Die pluralistische Realität Israels
Den islamistischen Charakter der Hamas
Den Antisemitismus in Teilen der arabischen Welt

Zugleich zeigt sich ein Mangel an historischer Bildung und ein Hang zur emotionalisierten Parteinahme.

5. Zwei Wirklichkeiten – Ein unlösbarer Konflikt?

Was hier sichtbar wird, sind nicht nur unterschiedliche Interessen, sondern unterschiedliche Realitäten:

Israel
Staatsgründung als Heimkehr
Wehrhaftigkeit als Selbstschutz
Demokratie mit arabischen Bürgern
Religion als nationale Identität
Erinnerung an Holocaust
Sicherheitsdenken

Palästinensisch-Arabische Seite
Staatsgründung als Katastrophe (Nakba)
Widerstand als Notwehr
Wahrnehmung von Diskriminierung und Kontrolle
Religion als heiliger Anspruch auf das ganze Land
Erinnerung an Vertreibung
Emanzipationsstreben

Diese Differenz ist nicht durch Verhandlungen allein zu lösen – sie betrifft das Selbstverständnis beider Seiten.

Kapitel 14: Israel heute – Ein moderner Staat in einem alten Land

Ziel dieses Kapitels:

Israel ist mehr als ein Krisenherd, mehr als Raketen, Soldaten und Fernsehbilder. Es ist ein realer Staat, ein Zuhause für Millionen Menschen, ein Ort kultureller Vielfalt, technischer Innovation und gesellschaftlicher Debatten. Wer Israel nur aus dem Konflikt heraus versteht, versteht es nicht.

Dieses Kapitel will Israel in seiner alltäglichen Realität zeigen – als moderne Gesellschaft mit tiefen historischen Wurzeln und aktuellen Herausforderungen.

1. Ein Land der Vielfalt – Ethnien, Religionen, Kulturen

Israel ist ein Mosaik verschiedener Bevölkerungsgruppen:

Juden (ca. 75 %): darunter säkulare, traditionelle, religiös-orthodoxe und ultraorthodoxe Gruppen – mit teils sehr unterschiedlichen Lebenswelten

Araber (ca. 20 %): Muslime, Christen, Drusen, teils mit israelischer Staatsbürgerschaft, teils mit palästinensischer Identität

Drusen und Beduinen: mit eigenständigen Traditionen, teils loyal gegenüber dem Staat

Christen: kleine, aber historisch bedeutende Gruppe mit verschiedenen Konfessionen

Russischsprachige Zuwanderer, Äthiopische Juden, amerikanische Rückkehrer usw.

Diese Vielfalt führt zu einem komplexen sozialen Gefüge, das sowohl Zusammenhalt als auch Spannungen kennt.

2. Innovation und Hightech – „Start-up Nation"

Trotz oder gerade wegen seiner Sicherheitslage hat sich Israel zu einem globalen Innovationszentrum entwickelt:

Mehr Start-ups pro Kopf als jedes andere Land

Zentrum für Cybersecurity, Biotechnologie,
Medizintechnik und Agrartechnologie
Kooperationen mit internationalen Tech-Gi-
ganten wie Google, Intel, Microsoft
Hochqualifizierte Arbeitskräfte, starke Universitäten (z. B. Technion, Hebrew Univer-
sity)

Die Innovationskraft wird auch militärisch ge-
nutzt:
Iron Dome, Drohnen, digitale Überwachung
– all das verbindet Technik mit Sicherheits-
strategie.

3. Militär und Gesellschaft – Wehrpflicht als Bindeglied

Die israelische Armee (IDF) ist nicht nur Verteidiger, sondern ein zentrales gesellschaftliches Bindeglied:

Wehrpflicht für Männer (ca. 32 Monate) und
Frauen (ca. 24 Monate)
Viele innovative Technologien entstehen
durch militärische Forschung
Reservepflicht bis ins mittlere Alter

Militärdienst fördert Gemeinschaft, Netzwerke und berufliche Chancen

Gleichzeitig gibt es Ausnahmen:

Ultraorthodoxe (z. T. befreit)
Arabische Bürger (keine allgemeine Wehrpflicht, aber freiwilliger Dienst möglich)

Diese Unterschiede sind auch Gegenstand politischer und gesellschaftlicher Debatten.

4. Religion und Staat – Zwischen Orthodoxie und Säkularität

Israel ist ein jüdischer Staat – aber was heißt das?

Die Mehrheit der Bevölkerung ist nicht religiös im traditionellen Sinn

Gleichzeitig haben religiöse Parteien großen Einfluss auf Ehe-, Familien- und Konversionsrecht

Ultraorthodoxe Gemeinden leben oft abgeschottet, erhalten staatliche Unterstützung,

verweigern aber Wehrdienst und Erwerbsar-
beit – was zunehmend auf Kritik stößt

In Jerusalem, aber auch in Bnei Brak oder Safed, existieren religiöse Parallelgesellschaf-
ten

Spannungen zwischen säkularen Städtern
(z. B. Tel Aviv) und religiösen Traditionalisten

Diese Spannung ist ein Dauerbrenner im israelischen Diskurs.

5. Die Siedlungsfrage – Ideologie, Religion und Politik

Ein zentrales innen- wie außenpolitisches
Thema bleibt der Ausbau israelischer Siedlungen im Westjordanland:

Religiös motivierte Gruppen sehen darin die
Rückkehr in das biblische Kernland Israels
Andere kritisieren die Siedlungen als völkerrechtlich problematisch und als Hindernis für
einen Frieden mit den Palästinensern

Die israelischen Regierungen sind gespalten
– einige befürworten den Ausbau, andere
bremsen.
Internationale Kritik, besonders aus der EU,
ist regelmäßig zu hören – wird aber in Israel
oft als Einmischung in Sicherheitsfragen
wahrgenommen

Die Siedlungsfrage ist damit ein Knotenpunkt
religiöser Identität, Sicherheitslogik und geopolitischer Strategie.

6. Gesellschaftliche Herausforderungen – ein Land unter Spannung

Israel ist eine funktionierende Demokratie –
aber auch eine Gesellschaft mit Brüchen:

Hohe Lebenshaltungskosten, besonders in
Tel Aviv
Soziale Spannungen zwischen ethnischen
Gruppen (z. B. Mizrachim vs. Aschkenasim)
Spaltung zwischen links und rechts, säkular
und religiös, liberal und national
Proteste gegen Justizreformen, Korruption,
Regierungsstil

Gleichzeitiger Zusammenhalt bei äußeren Bedrohungen

Diese Mischung aus Krisenbewusstsein, innerer Streitkultur und äußerer Solidarität macht Israel zu einem faszinierenden und einzigartigen Staatswesen.

Kapitel 15: Was bleibt? Eine offene Frage an die Welt

Ziel dieses Kapitels:

Israel ist mehr als ein Staat. Es ist ein Symbol. Ein Spiegel. Ein Prüfstein.
Die Geschichte dieses Landes, dieses Volkes und dieses Konflikts zwingt uns zu einer Auseinandersetzung, nicht nur mit Politik oder Religion, sondern mit uns selbst.
Wie wir über Israel denken, reden und urteilen, sagt etwas über unseren eigenen geistigen Zustand aus – über unsere Haltung zur Wahrheit, zur Geschichte, zur Gerechtigkeit.

1. Kein Urteil, keine Parteinahme

Dieses Buch ist nicht geschrieben worden, um Position zu beziehen, Schuld zu verteilen oder Partei zu ergreifen.
Die Geschichte Israels, der Juden, der Palästinenser, der arabischen Staaten und der Weltöffentlichkeit ist zu komplex für einfache Antworten.

Wer eine moralische Schwarz-Weiß-Zeichnung sucht, wird sie hier nicht finden.

Wer Erklärungen sucht, Zusammenhänge, Ursachen und Wirkungen – der wird fündig.

Unsere Aufgabe war es, den Leser in die Lage zu versetzen, sich selbst ein Urteil zu bilden – auf Basis von Wissen statt Emotion, von Fakten statt Parolen.

2. Was sagt unsere Haltung zu Israel über uns selbst?

Der Staat Israel spaltet die Welt – und das auf eine eigentümlich intensive Weise:

Kein anderer Staat wird so regelmäßig in der UN verurteilt – weit mehr als Nordkorea, Iran oder Russland.

Kein anderer Staat löst auf westlichen Universitätscampus solche Emotionen, Proteste und Lagerbildungen aus.

Kein anderer Konflikt wird so oft als „Sinnbild des Bösen" dargestellt – obwohl weltweit Dutzende andere, blutigere Konflikte kaum Beachtung finden.

Warum ist das so?
Weil Israel Projektionsfläche geworden ist.
Für unsere eigenen ungelösten Fragen:

Über Kolonialismus und Schuld
Über Religion und Moderne
Über Opfer und Täter
Über Identität und Fremdheit
Über Macht, Moral und Geschichte

3. Warum eine differenzierte Sicht auf Israel ein Maßstab für geistige Redlichkeit ist

Wer heute über Israel spricht, steht unter Druck:

Von Ideologien
Von medialen Narrativen
Von akademischen Strömungen
Von emotionalen Erwartungshaltungen

Sich dennoch die Mühe zu machen, komplexe Realität differenziert zu betrachten, ist ein Akt der geistigen Integrität.

Es bedeutet, sich nicht verführen zu lassen von Parolen, Bildern und emotionalisierten Feindbildern.

Es bedeutet, den Mut zu haben, auch unbequeme Wahrheiten gelten zu lassen – über beide Seiten.

Es bedeutet, sich nicht von modischen Diskursen treiben zu lassen, sondern eigenständig zu denken.

In diesem Sinne ist Israel ein Gradmesser für geistige Souveränität – und für unsere Fähigkeit zur Wahrheitssuche.

4. Warum wir über Israel sprechen müssen – nicht wegen Schuld, sondern wegen Wahrheit

Der Holocaust hat unsere Sicht auf die Juden geprägt – oft durch das Prisma der Schuld. Doch heute geht es nicht mehr um historische Schuldbekenntnisse, sondern um etwas Tieferes:

Um Anerkennung des Menschseins in seiner Zerbrechlichkeit und Wehrhaftigkeit.

Um das Recht auf Existenz – nicht abstrakt, sondern konkret.

Um die Verteidigung einer Realität, die sich nicht in Klischees pressen lässt.

Israel ist kein mythischer Ort. Kein moralischer Heilsbringer. Aber auch kein Unrechtsstaat oder globaler Sündenbock.
Israel ist ein Staat unter Staaten – mit Rechten, Pflichten, Fehlern und Verdiensten.

Darüber zu sprechen – nicht aus Pflicht, sondern aus Wahrheitsliebe – ist ein Gebot intellektueller und menschlicher Redlichkeit.

5. Was bleibt?

Ein kleines Land in einem großen Konflikt

Ein Volk mit einer langen Geschichte, das nicht untergehen will

Eine Region, die Frieden sucht, aber keinen findet

Eine Menschheit, die in Israel ihr eigenes Gesicht erkennt – je nachdem, wie sie hinschaut

Israel bleibt – ein Ort der Erinnerung, der Auseinandersetzung und der Hoffnung.
Nicht als Symbol des Guten oder Bösen, sondern als Gegenwart des Wirklichen.

Und so bleibt auch diese letzte Frage an den Leser offen – nicht, was Israel ist, sondern:

Wie ist Ihre Haltung zu Israel?

Weitere Texte vom gleichen Autor:

Yuval Noah Harari:
Was er sagt. Was er denkt. Und was das mit
Gott zu tun hat.

BoD Verlag, 2025
ISBN 9 783 819 248641

Vom Licht zur Leere.
Wie der Westen seine Wahrheit verlor.

BoD Verlag, 2025
ISBN 9 783 769 354607

Die Architektur des Glaubens: Weltbilder
und ihre Auswirkungen
Die Rolle des Theismus und des Christentums
in einer fragmentierten Welt.

BoD Verlag, 2023
ISBN 9 783757 890032

**Diese und weitere Veröffentlichungen sind
als Taschenbuch und als E-Book erhältlich.**